基地学术委员会（兼编委会）

主任：杨圣敏

委员：马　戎　厉　声　李　强
　　　李培林　卓新平　杨圣敏
　　　郝时远

中央民族大学"985工程"
中国当代民族问题战略研究基地

达地水族乡志

○ 主　编／韦荣慧
○ 副主编／侯天江

中央民族大学出版社
China Minzu University Press

图书在版编目（CIP）数据

达地水族乡志/韦荣慧主编. —北京：中央民族大学出版社，2010.11
ISBN 978-7-81108-936-3

Ⅰ.①达… Ⅱ.①韦… Ⅲ.①乡镇—地方志—达地县 Ⅳ.①K297.34

中国版本图书馆 CIP 数据核字(2010)第 219272 号

达地水族乡志

主　　编	韦荣慧　副主编　侯天江
责任编辑	杨爱新
封面设计	布拉格
出 版 者	中央民族大学出版社
	北京市海淀区中关村南大街27号　邮编:100081
	电话:68472815(发行部)　传真:68932751(发行部)
	68932218(总编室)　　　68932447(办公室)
发 行 者	全国各地新华书店
印 刷 者	北京宏伟双华印刷有限公司
开　　本	880×1230(毫米)　1/32　印张:10.25
字　　数	254千字
版　　次	2011年2月第1版　2011年2月第1次印刷
书　　号	ISBN 978-7-81108-936-3
定　　价	26.00元

版权所有　翻印必究

《达地水族乡志》编纂领导小组

顾　问：张永发　杨圣敏　韦荣慧　韦文扬　张世荣
　　　　刘光信　张双红　姜达峻　杨　玲　杨耀奎
　　　　龙向日　韦寿山　杨　彩　龙效民　李正国
　　　　杨顺忠　李正良　李正国　王章本　杨秀标
　　　　桂庆成　李国章　王兴武　杨焕成
组　长：吴育标
副组长：谢君堂　王润华

《达地水族乡志》编纂委员会

策　　　划：韦荣慧　　刘　俊
编委会主任：刘　俊　　吴文学
编委成员：唐千武　　吴玉贵　　吴德芳　　张　德　　王光智
　　　　　姚茂清　　文薪润　　余　凯　　杨发胜　　何永荣
　　　　　杨再友　　王发香　　杨　辰　　杨天伟　　王　康
主　　　编：韦荣慧
副　主　编：侯天江
编　　　务：王　若
撰　稿　人：侯天江　　王　若　　桂庆成　　王发香　　王发先
　　　　　杨再友　　吴安忠　　罗安贤　　杨顺周　　杨文富
　　　　　杨承贵　　金　华　　白贞文　　刘太壤　　覃建忠
　　　　　王启辉　　吴安林　　罗元波　　李化荣　　余国俊
　　　　　张建民　　吴　波　　潘成龙　　杨正文　　王　浩
　　　　　王家敏
校　　　对：刘　俊　　吴文学　　侯天江　　王　若　　王兴武
　　　　　杨顺忠　　王章本　　杨茂鑫　　韦寿山　　杨　彩
　　　　　况再学　　李正国　　龙效民　　王光智
审　　　查：吴学农
摄　　　影：杨承贵　　王　若　　王发先　　杨文富

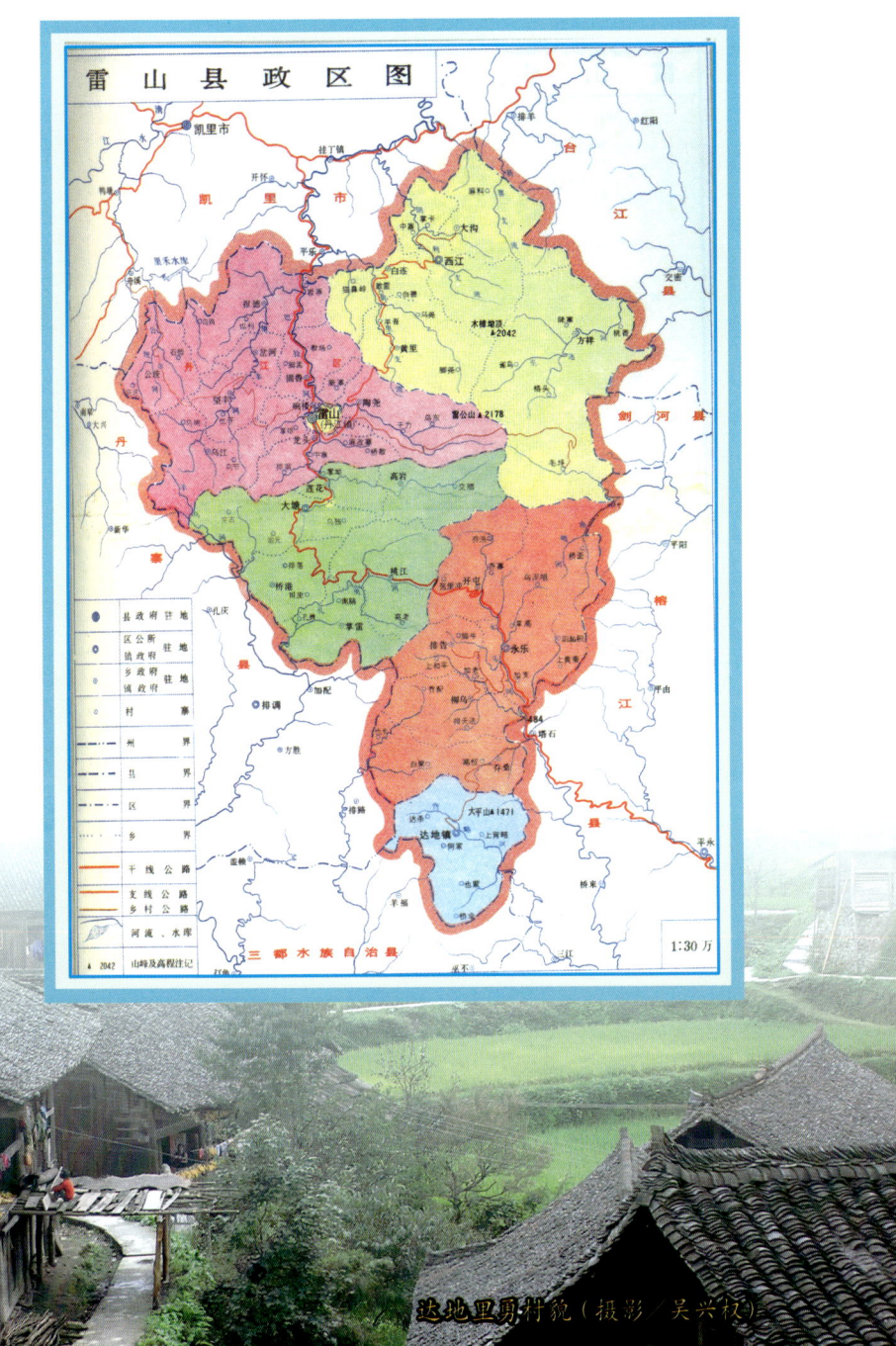

达地里勇村貌（摄影／吴兴权）

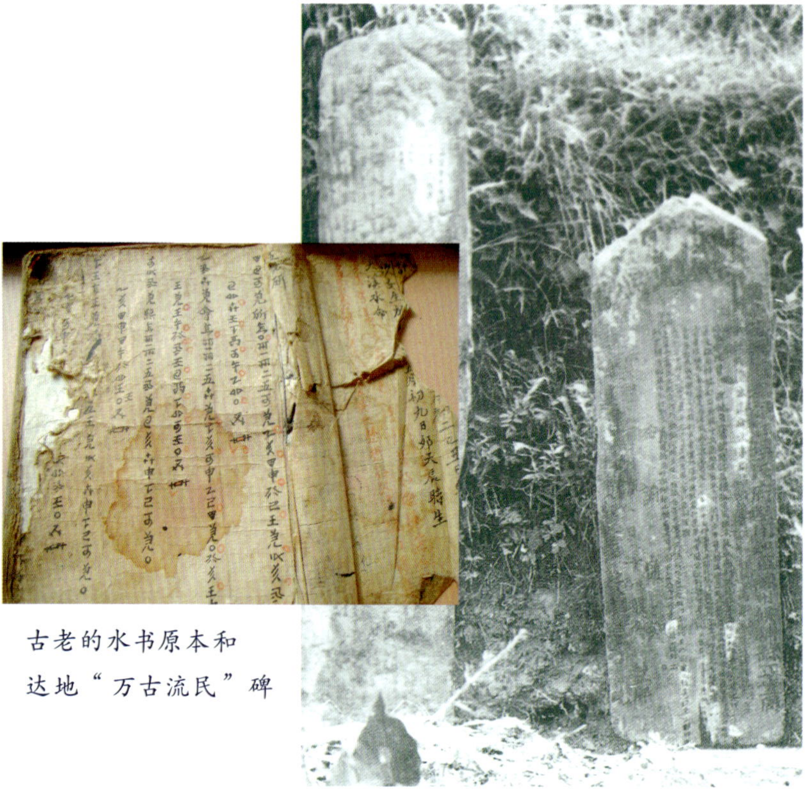

古老的水书原本和
达地"万古流民"碑

达地乌达村貌（摄影／吴玉贵）

序

达地水族乡地处雷公山主峰最南端地区，东临榕江县塔石、三江乡，南靠三都水族自治县乌不、羊福乡，西连丹寨县雅灰乡，北与雷山县永乐镇毗邻，是"两州四县六乡"交界处。全乡总面积72.9平方公里，辖10个行政村97个村民小组135个自然寨，人口10400多人。

达地境内山高坡陡，河谷幽深，大坪山山脉主峰海拔1471米，在达地境内有大小山峰近100座。大坪山与八宝山两山遥遥相望，连接大坪山的有雷公坡、八宝山等大山。大坪山自古就是兵家必争之地，清朝末年，这里曾经是余王爷、唐王爷反清根据地。1925年年初，红军从黎平过榕江向遵义转移，其中一个小分队路过达地的骷髅山，有位战士把当地的民谣"骷髅山，离天三尺三，人过要低头，马过要下鞍"记录下来，到遵义后，毛主席感慨红军战士的坚韧不拔，于是把这首民谣改编为"十六字令"之一，"山，快马加鞭未下鞍，惊回首，离天三尺三"。

达地生态环境良好，水资源丰富，一年四季水流不断。其中大坪山大湾金家山水源水质清澈，无污染，落差1300多米，是达地政府所在地的人饮水源，水源另一部分流往金家山龙塘坝，归宰勇大河流域。

达地境内物产丰富，除水稻、玉米、红苕、小米、油菜、小麦等农作物外，还有茶叶、香菇、木耳、板栗、薇菜、猕猴桃、八月笋、野生杨梅等天然绿色食品和油桐、五蓓子、天麻、杜仲、黑灵芝等名贵药材。

由于达地的土壤气候条件独特，草地资源丰富，有发展畜牧业得天独厚的条件。达地牛羊成群，每户养牛 3~5 头，多的达 10 余头。2008 年，牛存栏 3000 多头，羊存栏 6500 多只。牛场交易日每场多达 200 头。达地的牛、羊肉味道特别鲜美，尤其是达地的"火烧皮牛肉"更是名扬县境内外，许多人慕名赶场来达地品尝"牛肉"。

达地为多民族杂居区域，有水、苗、瑶、侗、汉等世居民族，其中水族占 37% 左右。排老、乌空、达地、乌达、野蒙等村的水族，以热情、大方、勤劳、勇敢闻名。"瓜年节"是达地水族最隆重的民族节日，每到"瓜年节"时，好客的水族人用烧鱼、甜酒、重阳酒、糯米饭、南瓜片恭候远方客人的到来。

达地民族文化特色浓郁，水族的芦笙舞、铜鼓舞、野蒙苗族的古瓢舞等，舞姿奔放、豪迈，古瓢琴琴声瑟瑟，悠闲典雅，舞步欢畅，节奏轻快，风采迷人，保存了古朴的民族风情。野蒙苗族的"百鸟衣"独具特色，色彩艳丽，图案古朴奇特，被誉为"穿在身上的苗族史书"，反映了野蒙苗族妇女巧夺天工的刺绣工艺和独具风格的审美观念，蕴藏着深厚的历史文化。

达地的另一瑰宝水书，是水族天文地理历法的集大成者。水族人的丧葬、祭祀、婚嫁、营建、出行、占卜、节令、生产等，都根据水书来预测吉凶，水书在水族的社会生活中具有重要的作用和较高的地位。水书为象形文字，有的文字类似甲骨文、金文，有的仿汉字的反写、倒写或改变汉字形体，还有的表示水族原始宗教的各种密码符号，因而被专家、学者誉为世界象形文字的"活化石"。水书使水族这个古老而神秘的民族令世人刮目相看。现在达地还有巫师能读懂各种字体的水书并将其运用于各种巫事活动中。

改革开放以来，达地经济和社会发展取得了辉煌成就，社会面貌发生了巨大变化。2004 年达地开始开山修路，2005 年 9 月年实现村村通公路，2009 年 5 月，89% 村民小组通公路。户户用上电照明，大部分群众已经越过温饱线正在奔小康。在党的正确领导和科学发展观的指引下，达地群众紧紧围绕实现全面建设小康社会的宏伟目标，抢抓机遇，奋发图强。一个繁荣与和谐的达地正向世人展示它的风采与魅力。

达地自然风光秀丽，历史文化厚重，民族文化丰富多彩，人民勤劳勇敢。过去，由于达地长期处于三都、丹寨、雷山、榕江四县的交界偏僻地带，区划更替频繁，经济文化相对落后，没有机会修志。今天，在党的民族平等政策和繁荣少数民族文化政策的指引下，在中国民族博物馆的鼎力相助下，在县委、县政府领导的关心和社会各界友好人士大力支持下，我们编写了《达地水族乡志》，这是长期以来生活在达地这块土地上的各族人民的回忆和记录，也是对新中国成立以来特别是改革开放以来达地各届党委政府工作的肯定和总结，更可作为未来工作的借鉴。《达地水族乡志》的出版问世是达地人民的一件大事。是为序。

吴文学

2009 年 7 月

目 录

综 合 篇

第一章 达地历史沿革 ··· (3)
  第一节 1949年前的达地所属 ································ (3)
  第二节 1949年后达地建制 ···································· (3)
  第三节 政府驻地变迁 ·· (5)

第二章 各村情况 ··· (7)
  第一节 达勒村 ·· (7)
  第二节 高车村 ·· (8)
  第三节 排老村 ·· (9)
  第四节 野蒙村 ·· (10)
  第五节 乌达村 ·· (11)
  第六节 乌空村 ·· (12)
  第七节 达地村 ·· (13)
  第八节 背略村 ·· (14)
  第九节 小乌村 ·· (15)
  第十节 里勇村 ·· (15)

第三章 人口 ··· (17)
  第一节 人口变化 ·· (17)
  第二节 民族及人口分布 ······································ (18)

第四章 地质地貌 ··· (20)
  第一节 地质矿产 ·· (20)
  第二节 地貌 ·· (20)

第三节　山脉 …………………………………………… (21)
　　第四节　土壤 …………………………………………… (22)
第五章　气候 ………………………………………………… (23)
　　第一节　气候特征 ……………………………………… (23)
　　第二节　灾害性天气 …………………………………… (23)
第六章　水文 ………………………………………………… (27)
　　第一节　河流 …………………………………………… (27)
　　第二节　水资源 ………………………………………… (28)
　　第三节　野生动植物 …………………………………… (31)

民　族　篇

第一章　水族 ………………………………………………… (35)
　　第一节　来源与分布 …………………………………… (35)
　　第二节　语言文字 ……………………………………… (36)
　　第三节　婚嫁 …………………………………………… (38)
　　第四节　家庭 …………………………………………… (42)
　　第五节　社会组织 ……………………………………… (42)
　　第六节　生产生活 ……………………………………… (43)
　　第七节　建筑 …………………………………………… (45)
　　第八节　服饰 …………………………………………… (47)
　　第九节　节日 …………………………………………… (49)
　　第十节　丧葬 …………………………………………… (51)
　　第十一节　信仰与禁忌 ………………………………… (56)
　　第十二节　文学艺术与工艺 …………………………… (59)
第二章　苗族 ………………………………………………… (63)
　　第一节　来源与分布 …………………………………… (63)
　　第二节　语言文字 ……………………………………… (63)
　　第三节　生产生活习俗 ………………………………… (64)

  第四节 服饰 ································ (70)
  第五节 文学艺术 ···························· (70)
 第三章 瑶族 ································· (72)
  第一节 来源与分布 ·························· (72)
  第二节 语言 ································ (72)
  第三节 社会经济 ···························· (72)
  第四节 家庭婚姻社会组织 ···················· (73)
  第五节 习俗与节日 ·························· (74)
  第六节 信仰 ································ (75)
  第七节 民间文艺 ···························· (75)
 第四章 汉族 ································· (76)
  第一节 迁徙与分布 ·························· (76)
  第二节 家庭与家族 ·························· (76)
  第三节 生活习俗 ···························· (77)
  第四节 节日 ································ (78)
  第五节 礼仪 ································ (79)
  第六节 信仰与禁忌 ·························· (80)

党政群团篇

第一章 中国共产党地方组织 ················· (83)
 第一节 1949年前的民众团体 ··················· (83)
 第二节 中共达地乡（公社、镇）委员会 ········ (84)
 第三节 乡党委办事机构 ······················ (88)
 第四节 党代表大会 ·························· (88)
 第五节 村党组织 ···························· (93)
 第六节 乡纪律检查委员会 ···················· (93)
 第七节 党的基层组织建设与宣传教育 ·········· (95)

第二章　人民政权 …………………………………………… (97)
　第一节　1949年前的地方政权 ………………………… (97)
　第二节　乡人民委员会 ………………………………… (97)
　第三节　乡革命委员会 ………………………………… (101)
　第四节　乡政府 ………………………………………… (102)
　第五节　乡自治与镇政府 ……………………………… (106)
第三章　人民代表大会 ……………………………………… (107)
第四章　群团组织 …………………………………………… (109)
　第一节　工会 …………………………………………… (109)
　第二节　团委 …………………………………………… (109)
　第三节　妇联 …………………………………………… (110)
第五章　民政 ………………………………………………… (111)
　第一节　达地乡民政概况 ……………………………… (111)
　第二节　优抚 …………………………………………… (112)
　第三节　救济 …………………………………………… (112)
　第四节　婚姻登记 ……………………………………… (113)

公安司法篇

第一章　公安 ………………………………………………… (117)
　第一节　达地派出所概况 ……………………………… (117)
　第二节　达地派出所历任领导及工作人员情况 ……… (117)
　第三节　1962—2005年达地刑事治安概况 …………… (119)
　第四节　惩治反革命和邪教 …………………………… (124)
第二章　司法所 ……………………………………………… (129)
　第一节　达地司法所概况 ……………………………… (129)
　第二节　达地司法所工作情况 ………………………… (130)
　第三节　达地法庭 ……………………………………… (132)

武 装 篇

第一章 地方武装 (135)
  第一节 清朝地方武装 (135)
  第二节 "民国"地方武装 (135)
  第三节 人民武装 (136)
第二章 军事设施 (137)
  第一节 营屯 (137)
  第二节 关隘 (137)
  第三节 碉堡壕堑 (138)
第三章 民兵 (139)
  第一节 民兵建设 (139)
  第二节 训练 (139)
  第三节 活动 (140)
第四章 重大兵事 (141)
  第一节 余王爷反清斗争 (141)
  第二节 韦洪彬反国民党反动派斗争 (142)

经济综合篇

第一章 经济概述 (147)
第二章 经济体制 (148)
  第一节 封建土地所有制 (148)
  第二节 土地改革 (148)
  第三节 农业合作与人民公社 (149)
  第四节 家庭联产承包 (150)
第三章 国民经济计划管理 (151)

第一节　计划编制与管理……………………………(151)
第二节　物资管理……………………………………(151)
第四章　物价管理………………………………………(153)
　第一节　价格…………………………………………(153)
　第二节　管理监督……………………………………(154)
第五章　工商行政管理…………………………………(155)
　第一节　市场管理……………………………………(155)
　第二节　工商企业管理………………………………(156)
第六章　党建扶贫开发…………………………………(157)
　第一节　扶贫达地小城镇建设………………………(157)
　第二节　扶贫达地发展养殖业………………………(158)
　第三节　扶贫整村推进………………………………(159)

农牧水篇

第一章　种植业…………………………………………(165)
　第一节　农业耕地……………………………………(165)
　第二节　劳动力及耕作制度…………………………(166)
　第三节　粮食作物……………………………………(168)
　第四节　经济作物……………………………………(170)
　第五节　植物保护……………………………………(172)
第二章　畜牧……………………………………………(174)
　第一节　机构…………………………………………(174)
　第二节　畜禽饲养……………………………………(175)
　第三节　牲畜品种改良及饲料饲养…………………(181)
第三章　水利……………………………………………(182)
　第一节　概况…………………………………………(182)
　第二节　引水工程……………………………………(183)

第三节　蓄水工程及防洪设施……………………………(185)
　　第四节　重建工程…………………………………………(186)
　　第五节　人饮消防工程……………………………………(192)
第四章　农业机械………………………………………………(196)

林 业 篇

第一章　森林资源……………………………………………(199)
　　第一节　资源调查…………………………………………(199)
　　第二节　林区………………………………………………(199)
第二章　森林培育……………………………………………(201)
　　第一节　禾种育苗…………………………………………(201)
　　第二节　迹地更新…………………………………………(201)
　　第三节　水土保持…………………………………………(202)
第三章　森林保护……………………………………………(203)
　　第一节　防火………………………………………………(203)
　　第二节　防病虫害…………………………………………(204)
第四章　森林利用……………………………………………(205)
　　第一节　商品木材…………………………………………(205)
　　第二节　自给性用材………………………………………(205)
　　第三节　林副产品…………………………………………(205)
第五章　管理…………………………………………………(206)
　　第一节　林政………………………………………………(206)
　　第二节　林权………………………………………………(206)
　　第三节　管理机构…………………………………………(207)

工业交通城建篇

第一章　工业 ·· (211)
　第一节　矿产种类及分布 ···························· (211)
　第二节　电力 ·· (211)
　第三节　建材 ·· (212)
　第四节　轻手工业 ··································· (212)
第二章　交通 ·· (214)
　第一节　古道 ·· (214)
　第二节　公路 ·· (214)
　第三节　桥梁 ·· (218)
第三章　邮政通信 ······································ (221)
　第一节　邮政 ·· (221)
　第二节　电信 ·· (222)
　第三节　移动通讯 ··································· (223)
第四章　乡村建设 ······································ (224)
　第一节　乡建设 ····································· (224)
　第二节　农村房屋建设 ···························· (226)
　第三节　其他建设 ··································· (226)
　第四节　环境卫生 ··································· (227)

贸易篇

第一章　商业 ·· (231)
　第一节　食品蔬菜 ··································· (231)
　第二节　烟酒糖盐 ··································· (231)
　第三节　药材 ·· (232)
　第四节　个体工商 ··································· (232)

第五节　供销合作商业…………………………………………（233）
第二章　饮食服务………………………………………………（234）
　　第一节　饮食…………………………………………………（234）
　　第二节　服务…………………………………………………（234）
第三章　粮油经营………………………………………………（235）
　　第一节　征购议购……………………………………………（235）
　　第二节　粮油销售……………………………………………（236）
　　第三节　粮仓…………………………………………………（236）

财税金融篇

第一章　财政……………………………………………………（239）
　　第一节　简介…………………………………………………（239）
　　第二节　财政所人员情况……………………………………（239）
　　第三节　管理制度……………………………………………（240）
　　第四节　财政收支预算执行情况……………………………（243）
　　第五节　审计…………………………………………………（247）
第二章　税务……………………………………………………（249）
　　第一节　机构演变……………………………………………（249）
　　第二节　税务工商人员情况…………………………………（249）
第三章　金融……………………………………………………（250）
　　第一节　信用社建社以来的历史转变………………………（250）
　　第二节　工作情况……………………………………………（251）
　　第三节　社领导人任职期限…………………………………（253）

教　育　篇

第一章　教育概况………………………………………………（257）

第二章　学校 …………………………………………（258）
　第一节　私塾 ………………………………………（258）
　第二节　幼儿班 ……………………………………（258）
　第三节　小学 ………………………………………（258）
　第四节　中学 ………………………………………（259）
第三章　教师 …………………………………………（260）
　第一节　教师队伍 …………………………………（260）
　第二节　教师培训 …………………………………（260）
　第三节　教师待遇 …………………………………（261）
第四章　教育行政 ……………………………………（262）
　第一节　管理机构 …………………………………（262）
　第二节　教育经费 …………………………………（262）
　第三节　校舍与设备 ………………………………（263）
第五章　两基工作 ……………………………………（264）
　第一节　基本情况 …………………………………（264）
　第二节　2009年"两基"巩固提高及
　　　　　"普实"工作 ……………………………（264）

卫　生　篇

第一章　医疗机构 ……………………………………（271）
　第一节　乡医疗机构 ………………………………（271）
　第二节　村医疗机构 ………………………………（272）
　第三节　疫情及传染病 ……………………………（273）
第二章　妇幼保健及农村新型合作医疗 ……………（274）
第三章　计生 …………………………………………（275）
　第一节　国策与宣传 ………………………………（275）
　第二节　实施执行情况 ……………………………（275）

第三节　人口控制⋯⋯⋯⋯⋯⋯⋯⋯⋯⋯⋯⋯⋯(276)
第四章　民族医⋯⋯⋯⋯⋯⋯⋯⋯⋯⋯⋯⋯⋯⋯(278)
　第一节　水族医⋯⋯⋯⋯⋯⋯⋯⋯⋯⋯⋯⋯⋯(278)
　第二节　苗族医⋯⋯⋯⋯⋯⋯⋯⋯⋯⋯⋯⋯⋯(279)
　第三节　瑶族医⋯⋯⋯⋯⋯⋯⋯⋯⋯⋯⋯⋯⋯(279)

科技文化篇

第一章　文化事业⋯⋯⋯⋯⋯⋯⋯⋯⋯⋯⋯⋯⋯(283)
第二章　文物名胜⋯⋯⋯⋯⋯⋯⋯⋯⋯⋯⋯⋯⋯(284)
第三章　碑刻⋯⋯⋯⋯⋯⋯⋯⋯⋯⋯⋯⋯⋯⋯⋯(285)
第四章　节日⋯⋯⋯⋯⋯⋯⋯⋯⋯⋯⋯⋯⋯⋯⋯(287)
第五章　野蒙苗寨⋯⋯⋯⋯⋯⋯⋯⋯⋯⋯⋯⋯⋯(289)
第六章　文学艺术⋯⋯⋯⋯⋯⋯⋯⋯⋯⋯⋯⋯⋯(290)
达地籍人物志⋯⋯⋯⋯⋯⋯⋯⋯⋯⋯⋯⋯⋯⋯⋯(293)
大事记⋯⋯⋯⋯⋯⋯⋯⋯⋯⋯⋯⋯⋯⋯⋯⋯⋯⋯(306)
编后记⋯⋯⋯⋯⋯⋯⋯⋯⋯⋯⋯⋯⋯⋯⋯⋯⋯⋯(309)

综合篇

第一章 达地历史沿革

第一节 1949年前的达地所属

达地境地唐代属应州管辖，宋时属夔州绍府所辖五十六羁縻州的南部东段边地，元归陈蒙烂土军民安抚司，明属都匀府，清属都匀府都江厅。

达地水族乡清代属都匀府都江厅。民国二年（1913）置达地乡，乡驻达地老街。民国二十一年（1932）属都江县第四区三民镇（驻地乔桑）。民国二十四年（1935）置达地联保，原属都江县三区（乔桑）。民国二十七年（1938）属第三区（驻地乔桑），为达地联保。民国三十年（1941）属三都县都江区。民国三十一年（1942）置属三都县达地乡。民国三十六年（1947）为三都县都江区达地乡。1949年12月隶属三都县四区（上江）。

第二节 1949年后达地建制

1949年12月隶属三都县四区（上江）。

1952年12月7日，丹寨苗族自治区成立，辖第一、第二、第三区公所，成为县人民政府的派出机构，当月，三都县的雅灰乡大部和达地乡划入丹寨县，隶属第二区，区公所驻排调。当时的达地乡辖达地、乔桑、草坪、马路、也想、党鸟村。

1953年6月，丹寨苗族自治区政府改称丹寨县苗族自治区，区公所驻地排调，辖17个乡，达地为其中一个乡，驻达地村。

1955年4月26日，丹寨县苗族自治区改名丹寨苗族自治县，达地仍属排调区。

1956年4月18日，丹寨苗族自治县改隶镇远专区，当月，将41个乡（镇）并为24个乡（镇），达地乡仍属排调区，乡驻达地，辖达地村老街。

1956年7月23日，黔东南州苗族侗族自治州建立，丹寨苗族自治县隶属黔东南州。

1957年1月1日，丹寨苗族自治县改为丹寨县，当年3月29日达地乡改建达地水族乡。

1958年2月，建永乐区，辖永乐、开屯、柳乌、乔桑、达地5个乡，10月各乡（镇）改建人民公社，达地乡改为达地人民公社，11月，以区建4个公社，将原24个公社改为管理区，高级社改为生产大队。永乐公社驻永乐，辖永乐、乔桑、达地、开屯、柳乌5个管理区。达地管理区驻达勒河边寨，辖小里勇、野蒙、小乌、兴高（高车）、新勇、达地大队、乌空、排老、背略。

1958年12月29日，撤销丹寨、炉山、雷山、麻江4县，并建凯里县，并成立中共凯里县永乐人民公社委员会，驻永乐，达地属凯里县永乐公社。

经国务院第112次全体会议通过决定，1961年8月28日，恢复麻江县和雷山县制，原丹寨县的丹寨、排调、兴仁、永乐4个公社复建为区，其中丹寨区和兴仁区划归麻江县，排调区和永乐区划归雷山县，撤销中共凯里县永乐人民公社委员会，建立中共雷山县永乐区委员会。1962年12月10日，报经中共黔东南州委批准，恢复中共雷山县永乐区委员会，驻地永乐，达地仍属雷山县永乐区。

1984年10月22日，原属永乐区辖的达地乡撤乡建镇，升格为区级镇，此后，达地不再属永乐区管辖，而直属雷山县管辖。

1992年9月8日，经省人民政府批准，撤销达地镇，建立达地水族乡。全乡共辖10个行政村97个村民小组。

第三节 政府驻地变迁

达地老街原来只有半条街，清光绪三十三年（1875），都匀府有个田县长到达地来考察，看到达地贸易繁荣，但街面狭窄，人流拥挤，于是下拨资金征收一坎一块大田来做公共市场，各地经商的人在两边修房子，形成达地老街。

1913年置达地乡以来，政府驻地一直在达地老街。老街地处达地乡与三都羊福乡边界处，位于丁家坡半山腰上，地势高，场地狭窄且陡峭，缺乏水源，没有发展前景。为拓宽达地发展空间，1955年，时任达地乡领导的李正国向丹寨县县长王德安请示，将达地乡政府搬到达勒，1965年，王德安批准达地乡政府搬迁到达勒村一块大田里（1958—2009年政府办公楼所在）。但是1955—1957年忙于农业合作化运动和打击"西南游击团"反革命武装暴乱，没有时间搬迁。1958年李正国任达地党委副书记并全面主持党委工作，他召开全乡人民代表大会和全乡党、团员大会以及大小队干部会议，征求群众意见，搬迁得到大多数群众支持。1958年，在李正国带领下，乡政府组织群众用6天时间将达地政府从老街搬迁到达勒村河边（现乡政府驻地），先搬政府办公楼，后搬粮站和学校，同时市场也搬到达勒河边，并建了一个酒厂，生产白酒运往永乐等地销售。当年12月，李正国调到永乐工作。由于多方面原因，1961年又恢复老街赶场，供销社抬货到老街卖，而达勒政府驻地市场萧条。政府又搬回到老街临时办公，信用社也只好上去发放贷款。1962年李正国又调回达地工作，时任乡党委书记的龙效民同志因病治疗，由李正国全面主持党委政府工作。1963年12月，李正国再次组织政府搬迁，部分不法分子利用政府搬迁机会进行投机倒把，阻碍政府搬迁工作。李正国调用1个排的基干民兵28人18支步枪包围达地老街33天，不准一个人进入老街赶场交易，不法分子看到政府搬迁决心很大，才就此罢休。随后群众自觉到达勒来赶场，形成今天达地繁荣的交易市场。1965年1月，又从老街市场搬迁到现在的市场，并一直赶场至今。

第二章 各村情况

达地共有10个行政村，97个村民小组135个自然寨。为防火和方便劳动，群众随田土居住，比较分散，寨与寨、户与户之间相隔较远。

第一节 达勒村

达勒村位于达地水族乡中部，是乡人民政府所在地，辖达勒、红卫、河边、庞家、韦家、达洛、刘家、岩脚8个村民小组10个自然寨。村内主要居民是苗族，其次为水族、汉族等。水族主要居住在达洛和岩脚两个自然寨，红卫、庞家有部分汉族居住。村内有姓王、杨、庞、陈、刘、潘、韦、吴、黄、郭等10多个姓氏，2008年年底，全村共有268户1053人。

达勒村以前与达地村为一个大队，称红旗大队，1984年恢复建制村，1958年乡政府从达地村老街搬迁到该村河边组地段，并把"赶场"地点也从达地老街迁到达勒河边。乡人民政府实施两期移民搬迁工程（2002年和2003年分别实施共128万元的两期工程，从本乡里勇、乌空、野蒙、达地、排老、背略等村共搬来128户），经驻地路面硬化等工程后，形成达勒村现在的规模。该村各自然寨分布较为分散，只有河边组和达勒组在乡政府驻地外，其他6个小组都离乡政府驻地有一定的距离，特别是岩脚组、刘家组等离村委会有六七里路程，组与组之间最远有十来里路。该村不同姓氏之间可以通婚。全村耕地共590亩，90%以上的村民以传统农业为主业,大部分家庭收入来自传统的种植和养殖业。

达勒村历任村支书:吴国平、王世富、王正忠、全远刚、张成芬、陈兴富。

达勒村历任村主任:刘胜前、庞先明、王世才、王玉成。

达勒村历任村会计:杨秀春、王贵兴、杨高茂、王祥。

第二节 高 车 村

高车村位于达地水族乡北部,距乡政府所在地2.1公里,有桐子地、乌塘、乔社、大竹山一组、大竹山二组、韦家湾、羊五、五一、也五、新华、党牛等12个村民小组11个自然寨。村内主要居住民族为苗族,其次为汉族、侗族。有王、杨、罗、邓、刘、潘、韦、蒙、欧、林等10多个姓氏。2008年年底,全村共有201户906人。通过村民集资与政府投资,该村逐步修建村、组公路,2008年政府投资20多万元专门为高车茶场修通公路1.8公里,修通高车至丹寨公路2.2公里,至2009年3月底,该村实现组组通公路。全村耕地面积836亩,其中土100亩。

高车村历任村支书:罗康德、韦寿康、王光应、龙金德、罗国相、王任祥。

高车村历任村主任(村长):姚源靖、刘启明、罗国相、龙金德、王任祥、罗朝开。

高车村历任村会计(或副主任):韦寿康、韦锋、王光文、韦胜刚。

第三节 排老村

排老村位于达地水族乡南部，与达地村、野蒙村、背略村、达勒村接壤，距乡人民政府所在地7.5公里，该村有黄土、半坡、排老（村委会、村级小学所在地）、大山、高调、上新、下新共7个自然寨。该村除1户苗族外，其余居民都是水族，主要有王、潘、杨3个姓氏，2008年底，有170户783人。全村耕地总面积为700亩，村民以传统农业为主业，主要从事种植业、养殖业。自古以来，排老村的妇女利用自制的织布机织土布和织锦（平布、花椒纹布、彩带等）。村内有铜鼓、芦笙、唢呐（也称八仙）等民间乐器。

排老王姓水族人的祖先是从三都九阡地区迁到排老、野蒙、乌空一带的。据老人回忆，迁到排老的这一支王姓水族人的老祖公叫"王老巨"，刚迁来时，排老地域是一个几百人的大苗寨，王老巨当时只能居住在大苗寨村外边缘地带。该苗寨的苗族同胞有一年不幸遭遇大瘟疫，不少人死去，剩下的部分人被迫外迁。瘟疫过后一段时间，王老巨搬进苗寨村内居住。在排老定居后，王姓水族人繁衍生息，人口逐渐增多，从王老巨算起到现在，排老村王姓水族共繁衍了14代人，历经300多年。王老巨公的墓碑于2009年在排老寨的古树旁被挖掘出土，现保存完好。

农历八月至十月秋收时节，排老王姓水族为庆贺年终的劳动成果及丰收喜悦，选择农历九月初至九月中旬的猪场天（及亥日）过自己最隆重的节日——"端节"。每到端节，水族村民准备丰盛的米酒、鲤鱼和南瓜，还要杀牛杀猪来祭祖、庆丰收，同时开展斗牛、赛马、跳铜鼓舞等民间活动。

1981年，时任排老大队副支书的王桢祥同志带领大队7个寨的村民开挖新教学楼地基时，从地下1米多深的地方挖出一面铜鼓，鼓面直径47厘米，高28厘米，重17.5公斤，鼓脚已腐蚀2—3厘米，但鼓面完好。铜鼓出土时王桢祥当众宣布，该铜鼓为排老大队集体所有。此后每年的"端节"，该铜鼓在排老各个小队轮流敲打娱乐庆贺端节，该铜鼓现由排老村保管。该村教育事业发展缓慢，1981年国家投资7000元修建排老小学，时任该校教师的王兴武（排老人，曾任永乐区区长，后调县交警大队任大队长，）组织群众投工投劳修建一栋两层木质结构综合教学楼（教室6间，教师宿舍4间）。2006年，国家又投资17万元修建一栋三层砖混结构教学楼，2007年初竣工使用，原木质教学楼改作教师宿舍。该小学现开设一至五年级共5个班，有教师5人，在校学生80余人。

  排老村于2004年动工修建公路，2005年1月正式通车，村内的排老组、黄土寨组、大山组、高调组、新寨组已先后通车。

  排老村历任村支书：王老同、王桢祥、王泽兴、王兴平、潘正娇（女）、桂林、王启文、王启书。

  排老村历任村主任：王庭付、潘再礼、王焕林、王泽周、王泽付、王泽凯。

  排老村历任村会计：王桢明、王焕明、王泽金、王泽文、王平、杨秀明。

第四节 野 蒙 村

  野蒙村位于达地水族乡西南部，距乡人民政府驻地10公里，有野蒙、古月、白米、水利、岩门和大毛坡6个自然寨10个村民小组。村内居民以苗族为主，居住在野蒙，其次为水族，主要居住在大毛坡寨、岩门寨，野蒙村有余、潘、刘、李、袁、朱等

10多个姓氏。2008年12月底，全村共有197户946人。

野蒙村以前叫野蒙大队，到1984年恢复村级建制，该村各自然寨居住较为分散，截至2009年3月，全村的野蒙组、大毛坡组、岩门组、古月组已通公路，还有白米、水利组待通公路。全村耕地780亩，大部分村民以传统农业为主业，农民收入来自传统的种植业和养殖业。

野蒙村的百鸟衣和古瓢舞远近闻名，自2000年雷山县政府围绕苗年举办文化活动以来，野蒙村苗族一直代表达地乡穿百鸟衣跳古瓢舞参加表演，2008年6月13日参加奥运火炬在雷山县上郎德的传递仪式，2009年9月26日参加贵州省第三届旅游产业发展大会在雷山县西江千户苗寨召开的民族服装展演活动，备受欢迎。野蒙村的耿老木老人制作的百鸟衣最具工艺价值。现在野蒙村的村民还养蚕和自制土布，以蚕丝和土布来绣织百鸟衣。

2007年野蒙村被列为雷山县民族旅游村寨和重点开发村寨之一。

野蒙村历任村支书：杨序光、刘明清、刘胜高、潘再帮、袁仁福、余忠武。

野蒙村历任村主任：王治良、潘承章等。

野蒙村历任村会计：刘明光、刘德权、袁仁喜等。

第五节 乌 达 村

乌达村位于达地水族乡东部，距乡人民政府所在地3公里，有乌达、党八、上高劳、下高劳、中寨、排倒、阶迁、高兄、党调、也吉、同吉、上卡力、下卡力一组和下卡力二组等11个自然寨14个村民小组。村内居住有水族、苗族、汉族等民族。水族主要居住在乌达、同吉、也吉、中寨和排倒等自然寨。村内有陆、杨、白、李、韦、张、陈、潘、王、蒙、任、唐等 10 多个姓氏。2008 年 12 月底，全村共有 328 户 1423 人。

乌达村以前叫新勇大队，1984 年恢复村级建制，该村各自然寨居住较为分散，2009 年 3 月，村组全部通公路。全村耕地 886 亩。村民以传统农业为主业，家庭收入来自传统的种养殖业。

乌达村人才辈出，中国民族博物馆副馆长韦荣慧老家就在乌达村，白玉清、韦寿山、李正良、陆金和等正科级干部出自这里。

乌达村民族风情浓郁，上马路苗族的"招龙节"很有特色。

乌达村历任村支书：杨胜和、李正超、白秀超、陆金彪、李化兴、陆金昌、李启付。

乌达村历任村主任（村长）：潘正良、杨成美、杨秀标。

乌达村历任村会计：白凤相、潘成钧、王祖应。

第六节 乌 空 村

乌空村位于达地水族乡西南部，距乡人民政府所在地 23 公里，是距离达地政府驻地最远的一个村，该村与三都水族自治县乌不乡接壤。有乌空、中寨、乔撒、上排兄、下排兄、凯辽、阶力、杨家寨、老寨和也 10 个村民小组。村内主要居民为水族，整个村除乌空、乔撒两个组有部分瑶族外，其余 8 个小组都是水族居民。村内有王、潘、杨、盘、邓、韦等 6 个姓氏。2008 年年底，全村共有 253 户 1279 人。

乌空村以前叫乌空大队，1984 年恢复村级建制，该村各自然寨居住较为分散，2005 年 9 月通村公路，2009 年 3 月，乌空组、中寨组、乔撒组、凯辽组、下排兄组、阶力组、老寨组和也辽组通公路，下上排兄、杨家寨等自然寨待通公路。全村耕地共739亩，人均耕地0.58亩。该村盛产楠竹，但大部分村民还是以传统农业为主业，80％以上的家庭收入来自传统的种养殖业。

乌空村历任村支书：潘仕光、盘顺祥、邓正文、潘兴帮、杨秀明、盘顺彬。

乌空村历任村主任：韦羽山、王金保、潘兴标、王治跃、杨秀明、潘兴恩、王治光、盘天明。

乌空村历任村会计：潘士林、王焕平、盘顺恒、潘友寿、王焕德、潘士海、王治进。

第七节 达 地 村

达地村位于达地水族乡西南部，有宋家、大竹山、达地、同鸟、党务5个村民小组7个自然寨。村内主要居民为水族，其次为苗族、汉族。水族主要居住在同鸟、宋家等三个自然寨，大竹山居住有苗族，党务居住有汉族，宋家也有部分汉族居住，村内有潘、王、白、宋、杨、江、黄、肖、韦、韩、石等11个姓氏。2008年年底，全村共有175户789人。

达地村以前与达勒村等曾合为一个大队，称红旗大队。1984年恢复村级建制。

1958年乡政府从该村老街组搬迁到达勒村河边组，1965年把"场"从老街组迁到达勒河边来"赶"。由于该村各自然寨居住较为分散，各个自然村寨都离乡政府驻地有一定的距离，特别是党务组和同鸟组距离政府所在地约9公里。2009年年初该村组组通公路。

全村耕地共424亩，人均耕地0.54亩。村民以传统农业为主业，家庭收入来自传统的种养殖业。

达地村历任村支书：杨秀兰、宋子尧、王光美、白贞海、王光泽。

达地村历任村主任：宋子成、韦启明、王文祥、陆国兴、白贞友、潘承召、江礼明。

达地村历任村会计：潘再恩、杨天祥、王光寿、宋子尧、王明伟。

第八节 背略村

背略村位于达地水族乡东部，与榕江县三江乡黄土坡、塔石乡怎东村和桥桑坝子村接壤。村委会距乡人民政府驻地5公里，最近的自然寨距乡政府驻地4公里，最远的自然寨距乡政府驻地9.2公里。背略村以前称背略大队，1984年恢复村级建制。2008年年底全村共有11个村民小组（上背略组、下背略组、党哔组、平寨组、汪术组、大寨组、排松组、龙塘一组、龙塘二组、大坪山组和大坳组）13个自然寨，260户1154人。村内有完小一所，从学前班到六年级，现有教师7名，学生184人。有村卫生室一所，无村委会办公楼。2005年12月，全村13个自然寨全部通村组公路，公路总里程达41公里，连通了大坪山茶场和桥桑村。电话覆盖率达80%，通水通电率达100%。村民以苗族、水族、汉族和瑶族为主，有王、盘、潘、杨、韦、唐、吴、邓、袁、余、任、宋、赵、许、龙、李、罗等17个姓氏。背略村耕地面积共778亩（田700亩、土78亩），山林738宗，面积13420亩。

背略村历任村支书（含大队支书）：王云清、王满庭、盘太高、赵兴福、王兴南。

背略村历任村主任（含大队长）：王满庭、王泽安、王泽元、赵兴福、王兴南、王兴举、王泽友、盘应忠。

背略村历任村会计（含大队会计）：王章宏、王锦光、潘再光、王章权、赵兴福、杨秀宏。

第九节 小 乌 村

小乌村位于达地水族乡中西部，村委会距乡人民政府3公里，小乌村曾与现在的高车村、乌达村合为一大队，称党高大队，分队后叫小乌村，全村面积7.96平方公里，是达地乡比较大的一个村，境内共有11个村民小组（小乌组、排敌组、岩塘组、脚屋组、党赖组、也鸟组、党约组、乌高一组、乌高二组、达杀组和河边组），9个自然寨。截至2008年年底，该村有306户1370人。有小学1所，教师6名，学生168人。村民有苗族、水族、汉族等民族。苗族主要居住在小乌组、岩塘组、脚屋组、也鸟组、党约组、乌高一组、乌高二组、达杀组和河边组，水族主要居住在排敌和党赖两个小组。小乌村耕地面积共1071亩（田978亩、土93亩），山林面积约7000亩，草地坡面积约2500亩。

小乌村历任村支书（含大队支书）：白和宝、汪正明、龙秀祥、汪正宇、王国义、王光玉。

小乌村历任村主任（含大队长）：汪玉和、白如光、龙金成、王光玉、杨胜国。

小乌村历任村会计（含大队会计）：唐吉彬、韦刚志、龙金成、王国义、白林忠、杨胜国、王光权。

第十节 里 勇 村

里勇村位于达地水族乡西部，距乡人民政府所在地13公里，与三都县羊福乡、丹寨县雅灰乡接壤。截至 2008 年年底，该村有 6 个村民小组 107 户 481 人。民族以苗族为主（水族 10 户），王姓占 80% 左右。有教学点 1 个，开设一至三年级共 3 个班，有教师 2 名，有 20 名学生。

该村耕地面积 420 亩，村内土壤肥沃，有 1400 多亩连片草地，非常适宜发展养殖业。2008 年，在县委县人民政府的帮扶下，该村实施种草养羊项目 58 户，每户领到免费基础母羊 20 只。其余农户还是以传统的种养殖业为主业。

里勇村历任村支书：王玉章、王安国、刘文光、王治德、王德贵。

里勇村历任村主任：王玉才、王德祥、王玉章、王安国、王治德、王德清。

里勇村历任村会计：王胜祥、王光和、王德荣、王德才、王治荣、王德良。

2008 年达地水族乡各村基本情况

村名	组数	户数	人口	总面积（公顷）	田面积（亩）	土面积（亩）
小乌村	11	306	1370	795.47	978	93
高车村	12	201	906	1049.86	836	100
乌达村	14	328	1423	1049.93	886	119
达勒村	8	268	1053	484.46	590	61
达地村	5	175	789	556.38	424	34
背略村	11	260	1154	1549.99	700	78
里勇村	6	107	481	153.21	337	81
排老村	7	170	783	494.54	700	39
野蒙村	10	197	946	659.36	780	133
乌空村	10	253	1279	972.41	739	90
合计	94	2265	10184	6715.75	6970	828

第三章 人　口

第一节 人口变化

　　达地水族乡在1984年升格为区级镇时尚无详细人口登记，1987年，全镇共有1592户，8270人，其中农业人口为8169人，占总人口的98.78%，非农业人口101人，占1.22%。苗族3402人，占总人口的41.14%，水族2922人，占总人口的35.33%，汉族1525人，占总人口的18.44%，瑶族385人，占总人口的4.66%。侗、彝、壮等少数民族共36人。至1992年1月8日省人民政府以黔府（22）号文件改建为达地水族乡时，全乡共有1870户，8757人。其中农业人口为8634人，非农业人口123人。水族3223人，占总人口的36.8%，苗3534人，占总人口的40.36%，汉族1550人，占总人口的17.7%，瑶族412人，占总人口的4.7%。侗族21人，占0.24%，彝族12人，占0.14%，其他民族5人，占0.06%。

　　至2008年年底，达地水族乡全乡共有2474户，10823人。其中农业人口为10586人，非农业人口237人。水族4111人，占总人口的38%，苗族4360人，占总人口的40.3%，汉族1737人，占总人口的16%，瑶族488人，占总人口的4.5%。侗族93人，占0.86%，彝族14人，占0.13%，其他民族20人，占0.18%。

第二节 民族及人口分布

达地水族乡是一个以水族为主体民族，苗、汉、瑶、侗等少数民族杂居的乡，人口居住分散，村寨星罗棋布。虽近年来加快了小城镇建设步伐，人口向乡政府驻地相对集中，但还是以分散居住为主。

一、水族

水族人口主要分布在排老村和野蒙村的大毛坡、岩门组，乌空村的上、下排兄组、阶力组、老寨组、阳寨组、也辽组，达地村的同鸟组，小乌村的排敌组、党赖组，乌达村的排倒中、外寨组、也吉、同吉组，背略村的党咩组、大坪山组、大寨组等。其中水族居民超过50户的寨子有大毛坡组、同鸟组，上、下排兄组。达地水族以姓王、潘、杨居多，据2008年统计，达地水族共有4111人，占全乡人口的37%左右。

二、苗族

苗族人口主要分布在乌达村的上下马路组，上、下卡力组，小乌村的党约、也鸟、岩塘组，高车村的乌塘组、韦家湾、桐子地组，背略村的平寨组，达勒村的韦家、达洛、刘家、河边组，野蒙村的古月、野蒙组，达地村的大竹山组及里勇村。姓氏以王、韦、刘姓居多。其中岩塘、平寨、野蒙、古月、达洛、刘家的苗族相对集中，据2008年年底统计，苗族共有4360人。

三、汉族

汉族人口主要分布在高车村的五一、也午、新华组，达地村的党务、老街、宋家组，背略村的下背略组，达勒村的庞家组，小乌村的乌高组和街道居委会，人口共有 1737 人。

四、瑶族

瑶族人口主要分布在乌空村乔撒组和背略村的汪术组、大坳、排松组，姓氏以盘、赵、邓居多，人口共有 448 人。

五、侗族

侗族人口主要分布在背略村龙塘一组，姓氏以袁姓居多。2008 年统计有 93 人。

六、彝族、壮族等其他少数民族

均为个别户或者婚嫁迁入者，人口较少。

第四章 地质地貌

第一节 地质矿产

达地乡地层古老，出露岩层主要是前震旦纪板溪群变质，为浅变质的板岩、砂岩。出露地层仅为三叠系中统松子坎组第二段（T2s2）及第四系（Q）覆盖层。构造不发育，以裂隙为主。山体陡峭，局部地段在暴雨季节易产生浅层崩塌。本区地震基本烈度小于Ⅵ度。区内断裂构造有大坪山脉逆断层，为西北走向，倾向正东。

达地乡境内目前发现的矿产资源有锑、铅、锌矿等，主要分布在大坪山、八宝山和乌王沟。主脉长2.3公里，厚0.12—0.3米。

第二节 地貌

达地乡地处贵州高原向湘西丘陵盆地过渡的斜坡地带，该地带地形起伏较大，境内地形切割强烈，垂直分布明显。整个区域地势南高北低，地表切割深度为400—500米，属侵蚀中山、中低山山地地貌。境内最高点是大坪山顶，海拔1474.8米；最低点是达地鸦麻河口，海拔484米。高度差为909.8米。本区处于低中山区，山高坡陡，河谷深切，降雨很快以地表径流的形式排入河谷，地表植被一般，沟壑纵横，水土流失较为严重，使有限的水源未能得到涵蓄利用，而岭谷地表比高多为百米左右，河水不易抽提饮用。

第三节 山　　脉

大坪山山脉为达地乡境内主峰，海拔1474.8米，其延伸在达地境内的大小山脉有100余座。大坪山是本乡乡有林地界，大坪山与八宝山两山遥遥相望，以山角架为山脉，为中山区地貌，山高坡陡，河谷深切，森林植被好，水源丰富，一年四季水流不断。水源来自大坪山大湾金家山，水位海拔1400多米，是流往金家山、龙塘坝，归宰勇大河的流域水源。发源于大坪山国有特别保护林的水源，水质清澈，无污染，可作为背略村饮水和灌溉之用，实属一个难得的自然好水源，且大有"南水北调"之势。

历史上大坪山是兵家必争之地，清代苗王余老科曾在这里设府，占山为王，组织抗清起义军，设东南西北四道门，有大炮炮台、哨岗、战壕、围墙、万人坑、民居等历史文物古迹。

1985—1987年归永乐镇供销社，1988—1991年归雷山饮料厂。建有茶叶基地960亩，1991年拆厂后，收归乌达村和背略村集体所有，现已承包给私人管理，是开发生态有机茶叶的理想之地。

大坪山半山腰山峦树木重叠，沟壑纵横；春天，百花齐放，景色宜人；大坪山顶上，地势平坦，气候适宜，交通便利，水源甘甜清澈可饮，为地下泉水，水量丰富，是开发旅游度假资源的好地方。

第四节 土　　壤

达地乡土壤主要为青红壤、黄壤、山地黄综壤。土壤类型随着海拔高度变化呈带状分布,分别为青红壤(600米以下)、黄壤(600—1400米)、山地黄综壤(1400—1800米)。

第五章 气　　候

第一节　气候特征

由于受自然地带性、东亚季风环流和地貌条件的综合影响，达地既有高原山区的气候特点，又具有季风气候特点。

境内水热条件好，年平均气温15℃，无霜期230—250天，平均年日照数1225小时，多年平均降雨量1400毫米，4—8月为多雨期，降雨量约占全年降雨量的70%。

达地境内属中亚热带季风湿润气候区，四季分明。

达地流传的天气俗言是：四季分明，雨热同季，干湿明显，雨量充沛，日照偏少。

第二节　灾害性天气

虽然达地境内降雨较为丰富，但降雨分布极不均匀，季节性缺水十分严重。降水量不仅在地区分配上不平衡，而且在季节分配上也极不均匀。4—9月比较集中，降水量占年降水量的85%左右，5—8月份的汛期降水量占全年降水量的60%以上，且多来势猛、强度大。而10月至次年3月，降水量仅占全年降水量的15%左右，强度弱，小雨一般不形成径流。由于受季风气候的影响，降水量年际变化较小。1949年后达地曾遭受两次较严重的天气自然灾害。

一、暴雨灾害

1996年7月16日,达地遭受50年一遇的特大暴雨灾害,泛滥的洪水翻过河堤冲进大街居民区,冲毁房屋,许多群众财产被洪水洗劫一空。乡政府办公楼(早年修建的木质结构建筑)一楼全部进水,许多重要的政府文件资料被洪水冲走被积水淹没。洪水给全乡造成经济损失估计达3000万元。

2008年5月30日,受暴雨袭击,受灾民房57户105间,238人,其中地基塌陷8户;便民桥损毁15座;沟渠损毁35米;公路损毁35处3500米;农作物受灾33.3公顷,耕地损坏3.3公顷;直接经济损失55.3万元。

二、雪凝灾害

2008年达地遭受50年一遇的凝冻天气。1月14日至2月中旬,连续一个多月的冰冻,使达地道路、交通、电力、通信、供水全部处于瘫痪状态,同时凝冻压断大片经济林,人民财产遭受巨大损失。特别是低温天气和冰冻路面使人无法出行,物资供应极其短缺,出现群众断粮、牲畜断草、病人缺药、无法供应的恐慌局面。在县委县政府的大力帮扶和乡党委政府努力下,雪凝期间达地物资短缺得到缓解,群众基本生活得到保障。雪凝过后,县委县政府还对达地灾后重建给予大力扶持援助。

(一)雪凝灾害受灾情况

电力损失情况:雪灾发生后,乡供电线路全部瘫痪,线路损坏较为严重。其中电杆倒塌及损坏323根,变压器倒塌损坏14台,电线损坏6000米,损失约计282万元。

交通损失情况:全乡通村公路塌方总计4000米(主要是冰冻化解后边坡塌方,但没有大塌方),毁坏路面12公里,且各条通村公路被压断的树木阻拦较多，比较严重的是背略村公路和里勇村公路，较长时间不能通车，其他各条通村公路清理后勉强通车。损失约18万元。

水利工程损失情况：全乡人饮工程水管破裂18500米，损坏水表1225个，损坏水龙头1450个，损坏蓄水池11座；损坏沟渠32公里，损坏灌溉水管8200米；损坏小水电引水渠2000米。总计损失约18.5万元。

通信损失情况：断电杆50根，损坏机站2座，损坏电缆10000米。总计损失53万元。

广播电视损失情况：损坏闭路电视线路5700米，损坏农户小天锅262口，损失约4.7万元。

林业损失情况：损坏用材林1715公顷、经济林57公顷，损失总计2581万元。

人口受灾及群众住房损失情况：受灾户数2458户，受灾人口10495人，伤病人口365人；群众住房损坏582间，倒塌房屋15间，主要是由于电杆断落和树木折断打坏房屋，没有人员伤亡。损失总计321万元。

牲畜损失情况：由于冰冻导致黄牛死亡65头，其中项目牛35头，死亡马3匹、猪46头、羊21只、家禽251只，直接经济损失31.9万元。

农作物受灾情况：农作物受灾面积446公顷，绝收面积146公顷，直接经济损失1044万元。

2008年雪凝期间达地经济损失共计4409万元。

（二）雪凝期间乡政府采取的救助措施

灾情发生后，乡党委、政府及时组织党政领导和包村干部下村调查统计灾情情况，了解群众生产生活困难，并将县民政下拨的各种优抚款、救灾款发放到困难群众手中。雪灾期间，全乡共发放救灾款85000元，解决318户1260人生活困难，发放

33345元优抚金到27位优抚对象手中,发放14000元五保供养金到28位五保户手中,发放2008年1月41884元农低保金到低保对象手中,放发2008年1月、2月份城低保金到城低保对象手中,解决群众生活困难。

走访慰问特困户、五保孤儿户,并发放棉被、棉衣等到五保户手中,为他们作好防冻安排,共发放棉被123床,棉衣87余件,棉鞋30双,棉帽48顶,解决了特困群众的越冬困难。

加强交通和防火安全宣传检查工作力度,确保雪灾期间无交通事故和火灾事故发生。

做好食盐、柴油等紧缺物资的协调供应,共发放1922升柴油解决群众临时打米问题,缓解了群众打米、照明及食用盐等困难,确保了社会稳定。

乡党委书记、乡长、乡人民代表大会主席等乡党政主要领导坚守达地,组织开展抗灾工作,实行干部24小时轮流值班制,在本次抗击雪凝灾害工作中,达地没有人员伤亡。

第六章 水 文

第一节 河 流

达地乡境内有河流16条,干流全长12.6公里,其中河流长度大于10公里或流域面积在20平方公里以上的河流有1条,集雨面积10平方公里以上的有1条。以苗岭山为界,雷山县北部河流汇入清水江,属长江流域;南部河流汇入都柳江,属珠江流域。达地乡境内的河流主要为背略河,流经乡境东南部,流入都柳江。

乡境内河流均属山区性雨源河流,河道落差大,加上暴雨多,洪水汇流快,陡涨暴落,洪枯水流量变化很大。

背略河:背略河属平永河一级支流怎冷河的源流,发源于达地乡小乌附近,自西向东南流,经党约、乌高、河边、排敌、小乌、同吉、下背略、大毛坡等自然寨,至白米寨河口流入榕江县怎冷河。干流全长12.6公里,自然落差405米,河道平均比降为26.7‰,白米寨河口处多年平均流量为1.78立方米每秒,流域面积为70平方公里。有一级支流16条,其中一岸为9条,另一岸为7条,集水面积10平方公里以上的仅有乌空河。

背略河流域地跨东经108008′—108014′、北纬26002′—26009′之间。地势西北高、东南低,属中低山河谷地貌。

第二节 水 资 源

达地乡境内的水资源由地表水和地下水组成，主要由降雨补给，由于处在北亚热带地区，受季风影响较大，冷空气侵入后引起的冷锋低槽，容易产生暴雨，加上地形的影响，增加了降雨的机会，因此雨量丰沛，为雷山县多雨区之一。

虽然水资源较为丰沛，但在降雨地区和降雨时间上分布不均，水、土资源的组合极不平衡，加上水利设施少，供需矛盾较为突出，是造成水旱频繁、农业生产不稳定的主要原因。

一、降水

根据雷山永乐雨量站1964—1979年（共16年）降水资料的统计分析，达地多年平均降雨量1323毫米，为雷山多雨区之一。由降水资料推求径流，有关参数参考水文图集及雷山县气象局统计分析成果，综合取值；年值的年内分配也主要参考降水量的年内分配过程。年降雨量及其分配过程，降水量不仅在地区上分配不平衡，而且在季节上分配也极不均匀。4—9月比较集中，降水量占年降水量的85%左右，5—8月的汛期降水量占全年的60%以上，且多来势猛，强度大。而10月至次年3月，降水量仅占全年降水量的15%左右，强度弱，小雨一般不形成径流。由于受季风气候的影响，降水量年际变化较大。

典型年降雨量分配表

4月	5月	6月	7月	8月	9月	10月	11月	12月	1月	2月	3月
347.82	510.62	856.46	225.72	707.3	141.02	222.42	45.98	93.5	76.56	56.32	107.14
474.98	362.78	777.26	425.92	169.84	109.34	152.46	43.12	69.08	123.86	25.96	143.88
118.14	684.64	201.96	39.38	280.72	371.8	312.84	224.18	32.12	100.98	14.74	80.96

二、径流

全乡多年平均径流深793.8毫米，折合多年平均径流总量为436.7万立方米，丰水年年径流量为552.84万立方米，平水年年径流量为425.11万立方米，枯水年年径流量为331.96万立方米。年径流的地区分布与年降水量的地区分布大体相似，呈东南向西北递减之势。全乡河流均为降水补给性河流，径流的年内分配基本上与降水的年内分配一致，年内分配不平衡。多年平均连续最大4个月径流一般出现在5—8月，占全年径流量的700%以上。径流的年际变幅，最大年径流量与最小年径流量之比值为2∶0.5，且存在连续枯水年与丰水年交替出现的现象，但总的趋势是旱年多于丰水年。

代表年年径流分配表

月份代表年	4	5	6	7	8	9	10	11	12	1	2	3	年
$P=20\%$	6.64	83.38	113.96	156.42	107.8	51.92	6.64	2.772	2.52	7.3	8.29	5.52	552.84
$P=50\%$	21.12	103.8	71.94	25.08	81.18	36.96	14.45	30.14	20	4.25	6.8	9.35	425.11
$P=80\%$	20.97	97.75	63.21	12.34	10.03	17.67	24.05	53.53	15.69	6.71	4.64	5.37	313.96

三、地下水

境内地下水多为基岩孔隙水，按地层岩性含水量分，境内属富水区，因山体雄厚，地下水埋藏较深，不易打井取水，附近虽出露溶隙—裂隙水，但量少且分散，均无开采价值。浸水田或补给河流均属山区性河流，地表水和地下水的流域分水线比较一致，实测的径流已包括了地表水和地下水。

四、水质

达地是九山半水半分地的山区。植被较好，使用化肥、农药少，矿藏不多，加之河流落差大，水流湍急，曝气好，复氧能力强，所以水体极少污染。境内发源的溪水，水质清澈，甘甜可口。1984年3月，黔东南州水文中心站对县内几条主要河流进行水质监测，其水质均达到《地面水环境质量标准》(GB 3838—88)规定的1类水域标准，不含砷、汞等危害元素，都能满足工农业生产和人畜饮水的要求。

五、水资源利用现状

达地没有工矿企业，用水最多的为农业部门，其次是人畜用水。

达地农作物以单季水稻为主。农业用水参照贵州省水利设计院规划队提供的灌溉定额，结合达地地区农业现行耕作制度和灌溉方式计算，不同保证率的灌溉定额分别为：$P=50\%$（平水年）时每亩为500立方米（毛灌，下同）。$P=75\%$（一般旱年）时为700立方米。$P=95\%$（大旱年）时为900立方米。1985年对工业用水量进行调查，年用水量仅为1.58万立方米。城镇生活用水按每人每日40千克计，年用水量为17.48万立方米。农村生活用水按每人每日25千克计，年用水量为218万立方米。按1985年全县大小牲畜存栏数统计：牲畜用水为大牲畜50千克/日、头；猪30千克/日、头；羊为10千克/日、只，年用水量为118.1万立方米。达地乡现有灌溉面积30亩以上的水利设施123处，灌溉面积为4491亩。

六、水资源供需评估

遇到丰水年达地农业可保丰收，一般旱年基本上可以保收，大旱年供水就不能满足农业生产的需要。农村人畜用水方面,分布在山腰的村寨,枯水年份或枯水季节人蓄用水困难。据统计,全乡有3300多人和2000多头牲畜饮水未得到解决。

七、水能

根据《雷山县水利区划》资料：达地背略河集水面积70平方公里；河流长度12.6公里；河口平均流量1.78立方米/秒；比降25.7‰；自然落差405米；水能蕴藏量为0.24万千瓦,其中可开发量为0.045万千瓦。

八、水文观测

根据雷山永乐雨量站1964—1979年（共16年）降水资料统计分析,多年平均降雨量1323毫米,为雷山多雨区之一。

第三节　野生动植物

达地植物主要有杉树、松树、枫树、柏树、青冈树、兰花以及各种藤本和蕨类植物等。动物有野猪、野山羊、野猫、黄鼠狼、旱獭、雉鸡、麻雀、乌梢蛇、烙铁头、青蛙、黄尾鱼等。

民族篇

第一章 水 族

第一节 来源与分布

水族自称"濉",《明史·河渠志上》记载:"使河流入汴,汴入濉,濉入泗,泗入淮达海。"可见水族先民最初生活在中原淮河流域一带。商朝灭亡后,水族先民由北方往南迁,经两湖到两广一带生活,以后渐渐融入由南方古代"柳江人"发展而来的"百越"族群中,后来由"百越"族群中的"骆越"一支系发展而来。秦灭六国后,为进一步巩固统一大业,发兵攻打岭南,水族先民开始向两广北部迁徙。唐朝末年发生农民大起义,水族先民进一步深入广西北部、贵州南部、东南部、湖南西南部等地,与先期到达那里的苗族先民、瑶族先民和同时北上的侗族先民杂居,这些少数民族被称为"蛮"、"僚"、"苗"等。《百苗图》把水族先民描述成"水家苗"、"水家"。1956年,国务院根据水族人民的意愿,定族名为"水族"。

400年前,分布在达地及其周围的水族中的大部分从都江(现三都县)三洞九阡一带迁徙过来,聚居在乌空、岩门寨、党赖、高调、乌达沟、党咩、岩脚、排老、排兄、皆辽、同吉、半坡等寨,与苗汉杂居的寨子有永乐柳乌的长田、柳排、排腰、土司田、大坝、达良、甲当、党早、桥豪、高枧、楠木等。据2008年统计,达地水族有4111人。姓氏有王、潘、杨、陆、韦、刘等。

第二节 语言文字

一、语言

水族语言属汉藏语系壮侗族侗水语支。水语和同语族中的毛南语、侗语、布依语、仫佬语、壮语有亲缘关系,尤其与毛南语及侗语的关系更为密切,相通之处占40%。

语音:水语语音有声母88个,韵母77个,声调8个。声母中浊塞音分为喉塞和不带喉塞两种,鼻音分为喉塞与不带喉塞、清化三种,外唇音与舌尖音分为腭化与不腭化两种,舌尖音和舌根音分为唇化与不纯化两种;韵母有i、e、a、o、u.等基本元音,有i、u和鼻音、塞音三类韵尾,a韵有长有短,其余一般不分。

词汇:水族的基本词汇中单音节的词最多,复音节词较少,固有词相当丰富。

语法:水语语法词序严格,词形变化不大。除了部分名词、代名词能加词缀(词头),形容词、动词之后能带双音、叠韵或重叠音韵之外,一般都按词的先后次序组合成词、词组和句子。词汇的单音节词所占比重最多,复音节3—4个音节构成一个词。复合词中,量词、部分动词和时间名词都能重叠,名词和形容词只能分别重叠。

句型:句型通常为主语在谓语之前,谓语又在宾语之前,修饰语在被修饰语之后,数词、量词、修饰名词放在名词之前,补语放在中心语之后。

由于水、汉两族长期交往,水语吸收了不少汉语借词。汉语借词来自不同的时代,可分为老借词和新借词两种。老借词借入年代较早,一般都是日常生活、生产劳动、社会习俗等方面的语词，以单音节词居多。部分老借词已进入水语的基本词库，如海、茶、国等。新借词主要是新中国成立后特别是改革开放以后吸收进来的政治、经济、文化、科学、技术等方面的新词术语。

二、水书

水书是水族的古文字，水族语言称其为"泐睢"（意为"讲水话"），水族古文字属于象形文字，与殷商甲骨文有渊源关系，由点、横、竖、撇、捺、钩、挑、折构成，字形复杂，书写的笔画与古汉字相似。水族古文字构成以相像、指事、反书为主，也存在会意、假借、音义，因而，水书又被称为"鬼书"、"反书"，其结构基本上是汉字的反写、倒写或改变汉字字型的写法。相传，在古代，水族先民因受统治阶级迫害，其祖先"陆铎公"创制"鬼书"，以逃避统治者监控。

目前，已发现的水族古文字有近 500 个，其结构大致有以下三种类型：一是象形字，有的字类似甲骨文、金文；二是仿汉字，即汉字的反写、倒写或改变汉字形体的写法，三是宗教文字，即表示水族原始宗教的各种密码符号。被专家、学者誉为世界象形文字的"活化石"。最新的考古研究表明，水族文字与河南偃师里头遗址夏陶上的符号有相通之处，印证了水族先民来自北方。

水书保存了亟待挖掘和破译的天象、历法资料和水族古文字资料。水书所反映的天象、历法资料是极为珍贵的历史文化遗产。

水书所记，大多是水族宗教信仰方面的日期、方位、吉凶兆象及驱鬼避邪的方法，以年宜、忌月日，以月日宜、忌时方，并用歌诀或事物兆象标明它的吉凶所属。水族人的丧葬、祭祀、婚嫁、营建、出行、占卜、节令、生产等，都根据水书来预测吉凶。水族鬼神崇拜的一切活动，不论是判定事情的吉凶、认定鬼魅作祟还是驱鬼送鬼、禳灾祈福等巫术仪式，均由巫师从水书中查找依据。因此，在水族巫文化中，水书是一部天文历法和巫文化的教科书。

水书是水族天文地理历法的集大成者，是水族古老的文化典籍，主要用来记载水族的天文、地理、宗教、民俗、伦理、哲学等文化信息。它对研究水族的语言文字、社会历史、哲学思想、天文历法、星辰气象、文学艺术、宗教信仰等具有很高价值。

第三节 婚 嫁

一、婚姻习俗

水族实行一夫一妻制，同宗（姓）不娶是水族长期以来约定俗成的习俗。

过去，偶尔出现一些富裕之家或无子嗣的男子讨小纳妾的现象。除因无男孩而纳妾者可以原谅外，一般享乐腐化纳妾者会遭到社会舆论的谴责。

过去达地水族曾有姑舅表婚习俗，即姑母的女儿嫁给舅父的儿子作"回头亲"。如果舅父无儿子或者年龄不相称，才允许对外开亲，但是应自觉地付给舅父一份外甥出嫁资金，叫"舅公钱"，也叫"外甥钱"。现在这种血表婚习俗已不再出现，"外甥钱"已演变为礼节上的应酬礼物。

水族男女多是恋爱成婚，男女青年利用赶场天、节庆日或走亲访友等对歌活动进行交往接触。恋爱时要避开女方同宗的父兄，可通过男方同宗的女性为媒介沟通。经过多次接触了解之后，男女方可单独见面对话。双方同意即可组建家庭。

婚姻的结成，先是儿女看中了对象后，再由男方家父母请媒撮合定亲。其经过是：第一次"问路"。男方家拿几斤糖果作礼品，请本房叔伯母或与女方家有交往的亲友（多是女的）到女方家向其父母征求意见，如果不同意，下次就不去了。如果女方家父母态度不明确或者留有余地，男方家则托人再去。第二次是到女方家去。拿酒和糖果作礼品，并拿一只公鸡到女方家，鸡是作"卜鸡问婚"用的，即在杀鸡时看鸡的眼睛，煮熟的鸡如双眼紧闭，两侧眼睛平整端正，算是大吉，是好兆头，婚事即成，如眼睛开着或者一睁一闭，算是没有缘分，婚事即罢。如果"卜鸡问婚"成功，双方父母即互相来往，越走越浓。过数月，男方家要请人第三次去女方家"订婚"，礼品是几十斤糯米饭，十几斤糖，十几斤猪肉和一挑酒（20余斤），一只银项圈和一只银手镯。如女方家将礼品收下，就算落实了"订婚"事宜，婚姻关系算是初步确立。如果女方家不收礼品，就得反复去女方家求婚，才能把事情落实。

"订婚"后的一段时间（数月或一年），男方又请叔伯兄弟数人（必须是双数），备一头几十斤重的小猪、米酒、糖各十余斤作礼品，再到女方家。这次称为"吃小酒"。女方家父母杀猪宴客，请房族多人作陪，互认"亲家"。此后，男家择日接娶过门，事先还要请人携礼品去女家"报日期"（即通知接亲的日期）。

接娶之日，新郎不亲自去迎亲，而是由媒人带领男方家的两个舅妈和两个姑娘及押礼人等，携带酒肉往女家接亲。当晚，女家摆长桌设宴接待，主客唱歌通宵达旦。男女两家都请擅长唱歌的歌手对唱，如男方家的歌手唱输了，新娘出门就要晚一些，反之，就会早一些，同时，接亲的男方队伍请女方歌手随行。男方家还要另请一批青年去抬女方家陪送的嫁妆，即箱柜、床凳等。抬嫁妆的人不直接去女方家，只能在邻居家守候，他们是否能在女方家吃饭，要看女方家是否通知，不通知也就算了。出阁时，新娘撑布伞遮天步行，不坐轿子，同时请房族兄嫂弟妹陪送。新娘穿着水族新嫁衣，在众人的陪送下出发。进男家寨子时，如果原卜定的进屋时间未到，在男方家寨门口前后或屋外休息等候，等到吉时才进男方家屋。新娘进家时，男方家的亲人都要回避，防所谓的日后反目。待进入洞房后，家中人才合聚并向新娘问好。新夫妇不拜堂，不拜天地，有的甚至不见面。结婚过门时，新娘在途中忌闪电雷声，这种恶劣的天气表示不吉利，因此婚期多选择在冬腊月。

陪送的嫁妆有被褥、衣服、木器等，现在还有家庭常用电器，另外还有糯米、布匹、一只鸡和一头二三十斤重的小猪。如果女家送一头肥猪给男家办喜酒，男家可照市价付款。如果男方家带去的礼金多，女家还会陪嫁给男方家一匹马。

婚庆当日，男方家设宴款待宾客。次日，新娘随送亲来的婶嫂回娘家。男家要请一个能喝酒善巧言的青年陪新郎随同前去，礼品是十来斤米酒、糖果、肥猪，以及"舅公礼钱"。过去的礼金只是几十元、数百元，现在已上升到数千元甚至上万元。新郎去拜见岳父、岳母时，女方家的房族凡参加陪客的，每户要送米、酒、鱼、肉、鸡蛋各一至二斤，设宴款待新郎。开席之前，新郎将礼金、肉价款摆在桌上。有时岳父母返还零头钱给新郎买衣服，如果礼金少了还要新郎补足。一般陪送回门的人都多带些钱在身上，以防万一碰到麻烦。第二天，新娘、新郎一同返回男家。至此，婚庆才算圆满结束。

二、水族婚姻的几个特别婚俗

（1）洞房对歌：水家人的习俗，新娘出阁不兴拜堂，也不闹洞房。但当晚男方青年歌手们可以找陪嫁女子对歌。对歌时，男歌手只能在洞房外面唱，女歌手就在洞房里面唱，一里一外，一唱一答。所唱的歌都是传统古歌，不能乱编唱，场面严肃而热烈。唱到深更半夜，女家就摆酒席请歌手们吃夜宵，双方就在酒席上相对而坐，继续对唱，欢歌达旦。

(2) 哥弟送亲：水族姑娘出阁，必须有亲哥弟或堂哥弟陪同往返。按习俗，新娘出大门两脚不能着地，就由弟弟打伞，哥哥背出家门，然后与陪嫁的人一道步行，若在途中重踩了别人脚印，哥弟又需背新娘走过交叉路口。进入男方家门时，仍由哥弟两人一个打伞，一个背新娘进门。这种习俗，体现了水族兄弟姊妹互相关心的手足深情。

(3) 新娘拜井，挑水认亲：新娘到男家的头一两天，要去拜井，这是水家的例规。新娘抽空邀约几个姑娘一道悄悄地去拜井，一则了解水井的位置和远近，二则为几天后挑水认亲做好思想准备。有的地方新娘去拜井时，还随身带两个鸡蛋去放在水井里，若两个蛋相依相靠，就说明夫妇能白头到老、姻缘美满。待新娘回门归来，就走挑水认亲程序：由新郎妹妹陪同，挑着水桶给家族伯叔兄弟每家每户送一挑水，表示认亲。这种习俗延续至今。

(4) 偷婚：水族男女青年私自决定结婚但又不事先征求双方父母意见的婚姻形式叫"偷婚"。男方带上几个青年后生在晚上到女方家门外，把女方唤出来，不告知女方父母，就把女子接回男方家。之后，男方家派几个人带礼品到女方家去"报信"，告知女方父母其女已出嫁。女方父母认可后，会选某个吉日通知男方家拉一头黄牛或抬一头猪到女方家，男方家则派十几个人随同去女方家杀猪宰牛，利用女方家的厨具煮好给女方家的叔伯弟兄邻里吃，算是"赔礼"。"赔礼"完毕，才回男方家举办婚庆，婚典完毕后，女方家父兄带几个人到男方家讲财礼钱，男方家杀猪热情款待几天后，新娘随父兄回家一段时间，然后男方另备猪腿肉去女方家请新娘回家，婚姻才算完成。

第四节 家　庭

　　水族家庭为父系小家庭，一般为三代同堂，男性家长权力很大，家中的用钱、赶场、买卖及行亲走戚等事务，由他一人说了算。家长由辈尊年长者担任，如果不愿掌权或不能掌权时，则让给下一辈的年长者，按班辈年龄秩序来继承掌权。如儿子已成年且能当事，母亲虽在，母亲也不当家。另一种情况是母亲虽当家，但在处理变卖产业或婚丧大事时，必须征得父系家庭的同意，不能擅自行事。田土继承权归男儿，但父母可将少量土地划给女儿，叫"姑娘田"，她们有使用权而无所有权。姑娘出嫁老死后，此份产业仍收回归其娘家的男系继承人所有。

　　水族尊重嫡长子，即使嫡长子年龄比庶子小，也由嫡长子继；嫡无子由庶长子继，长子长孙均享有一定特权。庶子因受宠而欺负嫡子时，定遭家庭和社会谴责。父亲一般又溺爱满崽，有"爹娘爱满崽，公婆爱长孙"之说。分居时，父亲总是与满崽一起居住，也必住老屋。另将部分田土和现金给长子另建新房，即使有三四个弟兄也一样，二哥三哥也要让给满弟。

第五节 社会组织

　　水族多聚族而居，每个村寨有几十户，多的上百户，大多有血缘关系，因而往往同居一寨的均是一个姓氏，称之为同族。族有族长，一族之中，族长威望最高，族长的选定标准是班辈老、年龄大、善处事、能力强、受尊重的人。族中山林、土地纠纷、婚姻瓜葛、丧事主持等事务，多由族长调解、评理裁决，或奖或罚，族长酌定，本族本村有权势或在外地做官的本族人对族长的裁决也是认可和支持的。如某人犯了偷盗、乱伦等重大错误，则由族长召集评理，裁定谁输了，就要当众认错，罚款买酒肉请同族人吃一餐，作为赔礼，必要时还"放炮挂红"，以警示后人，吸取教训。此习俗现在已淡化，逐步步入法治行列。

一个地区内发生的重大事件通常由几个宗族联合应付，处理是根据"榔款"的规定，程序有宰牛杀猪设坛祭天等，是否联合及联合的形式由"榔头"会议决定，大家遵照执行，不得违之。1942年"韦洪彬造反"就是通过这种形式组织群众的。

新中国成立后，推行了"乡规民约"，代替"榔规"管理社会这种古老的习惯法。

第六节 生 产 生 活

生产：达地水族是个稻作民族，一年四季以水稻生产来安排农事，同时兼顾小麦、玉米、小米、高粱、红薯、白菜、青菜、韭菜、南瓜、豇豆等作物的种植与耕作。自古以来，水族先民们使用自制的工具如犁、耙、挖土锹、折刀等来制造各种生产资料和生活资料。

生活：水族以大米为主食，小麦、玉米、小米、高粱、红薯等为副食。肉食以猪、牛肉为主，鸡、鸭、鱼等是节日或待客佳肴。也有吃狗肉的习惯，但逢婚嫁、丧葬、节日或亲家首次到访时，狗肉入不了席。而白菜、青菜、韭菜、南瓜、豇豆等是家常菜。饮料主要有茶和酒。茶叶以当地的野生茶、苦丁茶、节骨茶为主。酒有黏米酒、糯米甜酒、小米酒、苞谷酒、高粱酒等。水族男子喜烟酒，女子擅长种烟酿酒。亲友往来，以烟酒相待，有"酒重于肉，烟重于菜"的说法。

水族饮食喜酸、辣，平日爱吃火锅。日常饮食一般以大米饭配汤菜。过去煮饭用木甑蒸或鼎罐焖，现在多改用锑锅、高压锅、电饭锅等。切生菜用菜刀，切熟菜或作料等用剪刀。水族好客，宴客时，不论寒暑，堂屋正中火塘上架铁制三脚架，架上火锅，摆上方桌，亲友、家人围着火塘就座，边聊边吃。酒到半酣则喝转转酒、交杯酒等，宴席高潮是女主人唱酒歌向贵客敬酒，邀酒敬酒声此起彼伏、不绝于耳。宾主尽兴，主人杀小猪和开塘捉活鱼待客，这是水族待客的特殊形式。

水族在祭奠新逝亡者时通常忌荤吃素，但不忌鱼、田螺等水产。在水族的传统观念里，鱼、田螺是素菜。水族在庆典时一定要做"鱼包韭菜"，这是水族用来祭祖和招待客人的吉祥菜，用之祭奠亡灵则表示对逝者的哀思，过节时用之祭祖，表示对祖先的怀念，同时也寓意"年年有余，个个安康"。

以下是几种饭菜的做法：

糯米饭：把水烧开，淘米下锅，等米煮得半熟时滤去米汤蒸熟即可，也是达地水族、苗族人民节日祭祀用品。

酸汤：水族酸汤分辣椒酸、麻辣酸、鱼酸、甜辣酸、腌汤酸、泡菜酸等，其中尤以辣椒酸和麻辣酸较普遍。

腌青菜：这是水族人一年四季的常备菜。春夏，割下青菜，洗干净晾半干，切成菜丝，放少许烧酒和一些半熟的糯米饭，揉透后腌进坛里密封，半个月后加入调料即可食用。

鱼包韭菜：剖开一斤左右的鲤鱼，除去内杂洗净后，洒上少量料酒，配以葱、蒜、生姜、食盐、糟辣椒及秘制调料，再将洗好的韭菜、广菜填充鱼腹，用米草捆扎，然后放入大铁锅中清炖或放入甑清蒸十至十二小时。这种方法做出来的鱼，鱼骨酥脆，鱼肉肥美细腻，烂而不糜，醇香味厚，即使在大热天搁置三五天也不会变味。

第七节 建 筑

一、建筑艺术

达地气候潮湿，过去，森林茂密，豺狼虎豹经常出没。水族居住"干栏"住宅，可避免地面潮湿和野兽的侵害。"干栏"建筑是水族先民智慧的结晶。

二、建筑特点

水族木楼一般分上下两层。下层是整个上层房屋的承重部件，因此先修好基脚，根据木屋间架结构的性能，屋基按地形用块砌脚，一般不必修整屋基平面。下柱榫眼穿枋纵横联接，每排砥柱上端扣架粗大的原木作为横梁，梁与梁之间铺着垫木，俗称"楼枕"，枕上铺着宽厚的楼板，形成平整的楼面。上层屋架，一般每排为五柱四瓜（或称十一檩水步），也有五柱六瓜（或称十五檩水步）。木楼为穿斗式结构，在柱与柱之间用穿枋纵横连接固定。特别是上层屋架柱脚扣枋为鱼尾式的斗角衔接，是水族木工在干栏建筑中出色的工艺。柱脚扣枋的这种鱼尾式"斗角"结构，牢牢固定每根柱子的方位。顶上再用檩子卡住各排柱头和瓜头，各部衔接处都是齿榫铆紧，使建筑物整体性强，十分稳固。下层的砥柱和横梁与上层排架对应，俗称"柱顶柱"，这使木材的抗压性能得到了充分的发挥。房子的外形有"转角楼"，"吊脚楼"等式样。

水族楼房均采取传统的"干栏"建筑形式，全木质结构，房屋正面围有栏杆，屋顶作歇山式，二檐滴水，盖小青瓦，部分为杉树皮屋顶。一般为4排3间或6排5间，忌偶数开间。楼房多为一楼一底或分上中下3层，楼下为牲畜圈或农具间，楼上为日常生活场所。二楼堂屋正中设神龛、火塘,两头为卧室,顶楼为粮仓或未嫁女孩子的闺房。楼梯设于房屋一端,房子当阳一面搭晒台,作晒谷物和休息用。

水族民居内部的划分,一般为三层。楼板以下为"地层",顶棚以上为楼层,中间层为居住层。就其功能而言,"地层"一般为牲畜圈及杂物间,也有将厨房及碓房设置在此层的。楼层主要是储藏层。如果人口多的,也在此设置未婚儿女卧室。中间层是住宅的主要空间。以三开间的住宅而论,明间为堂屋,是全家的主要共享空间,家庭中的主要活动均在此间进行;次间为家长及长子等主要人员的卧室,并在次间中的一间设置火堂。在空间的划分上,各种空间功能的布置都是以堂屋为中心并向周围辐射,形成一个完整的空间,基本上是一种圆形空间的模式,堂屋是圆心,是全家的主要空间,这样的布局很有凝聚力。

三、民居布置

水族村寨大都坐落在低丘谷地或平坝边缘,多依山傍水,四周喜植翠竹和李子、桃子、柑橘等果树或棕、漆等经济林木,寨内设有水塘。水族大多聚族而居,一个村寨就是一个宗族,就是一个以血缘宗亲为纽带的宗族支系。寨子一般为十几户、几十户,大寨子一般为一两百户。

四、文化特色

每个民族都有自己独特的文化传统和民族性格,反映在建筑上就形成了自己的民族风格。水族民居具有简捷明快、自由豪放的风格。单体建筑之间基本上不存在院落组合,这就使建筑空间得到极大限度的开放。这种开放性建筑的外部造型和内部空间增加了处理建筑空间时的弹性。在水族民居中,一般都以四排三间或三间搭两厦的构成为基础,通过开间的增减和剖面富有弹性的变化形成变化。营建过程完全采用动态规划。在营建时，根据房主人的经济条件，首先满足最起码的居住需要，同时预见到今后的发展，以后根据需要逐年完善整体结构。这种建筑在空间功能的处理上是完全自由的，同时在时间和空间上也完全体现了统一和谐。单元住宅既舒适又实用，充分体现了水族民居的优越性。

造屋动工，忌在水书上的凶日；楼屋朝向，忌朝穷山恶水；砍伐上大梁之树木，树木砍倒时，要依山往上倒，树梢朝上，树头朝下，忌梢下头上；大梁忌被人畜踩踏跨越；盖房以三五七间为吉，忌盖双间房屋；忌在大门两侧开窗；开工动土、建房过程以及乔迁就居均须选择吉日，并忌说不吉利的话语。

第八节 服 饰

一、服饰

水族的服饰以其多彩的风姿、特有的内涵丰富的民族文化为特征。

水族服饰的特点是简朴、端庄、大方。上衣常用黑、青、蓝几种颜色，裤子用青色，头帕用黑白两种颜色，鞋子也以青色为底色。黑、青、蓝、白几种颜色，给人以稳重、朴素之感，水族忌讳大红、大黄色。夏天穿浅色单衣，随着天气变冷，衣料颜色加深，冬天增加单衣件数。

水族男子的服饰简朴，现已基本上同化于汉族，只在民族节日或喜庆时刻，才见少数人身着对襟上衣、头包白头巾的传统服装。部分老年男子在庄重场合还有保留穿长衫、外罩马褂、包短头帕的习惯。

水族老年男子平常多穿对襟布扣便服和长裤，节日喜庆时穿长衫再套马褂。热天用短帕包头或戴马尾帽，冷天用长包头或戴锅驼帽。

水族青年妇女的上衣都是右衽大襟衣衫，下身穿长裤，脚穿绣花布鞋或尖钩马尾绣鞋，腰间束绣花围腰，长发往前梳成，盘旋于头上，侧面插一把木梳或盘发结于头顶。过去一般穿的是家织布或黑色缎子。水族妇女从来不穿短袖衣服。

水族妇女传统服饰种类较多，按其特色可以分为五种类型：

一是蓝色大襟半长衫，靛青色长裤；绣花长围腰，围腰上端以银链挂于颈上，腰间两侧有提花飘带以系紧围腰，飘带系好后拖于身后；脚穿尖钩绣花鞋或元宝盖绣花鞋；长发梳向右侧，绾成一把横掠向左额前，右侧发际斜插木梳一把，外包约六尺长白头帕，木梳及额前头发露于头帕外。已婚妇女在衣服坎肩、衣襟、袖口、裤脚等处均缀斜面青布大绲边，外缘镶两根绲条，绲条外再镶上花边（俗称"栏杆"）。裤脚"栏杆"镶在膝下，袖口"栏杆"距袖口约三寸。这是水族妇女最普遍的装束。

二是衣袖与裤脚狭小，头包白头巾扎于颈后，发髻盘于顶，外罩花格方巾。

三是青紫色半衣无领右衽大襟衣，戴不绣花之素净长围腰，上有精致银链及绣工讲究的飘带。已婚女子不挂围腰，而束长方形青紫色腰巾。

四是衣裤均镶花边；衣长近膝，衣身、衣袖及裤脚均宽大，短围腰不配银链而系腰带；长帕包头，外用一块白毛巾横扎。

五是与苗族杂居的水族妇女，除长帕包头尚保留着水族服饰的特点外，衣饰与当地苗族相差无几。

除一般服饰外，水族妇女备有盛装以及特定的结婚礼服。盛装及结婚礼服的上衣是古典式的对襟、宽袖黑色短衣；下身穿黑色百褶裙和长裤；脚穿尖钩扎金马尾绣鞋；头发梳至头顶挽结（为了方便佩戴银首饰）；周身佩戴银饰品，一般有银花、银钗、银项圈、银压领、银手镯、银吊牌等。其中百褶裙、银花、银叉限于新娘出阁时穿戴。

二、银饰

银饰在水族地区流传普遍，水族视其为美好、勤劳和富有的象征。水族妇女，尤其是青年妇女举行婚礼或走亲访友、参加盛大庆典都佩戴银饰，如婚事，新娘以银饰品为嫁妆，男子以银币银器为礼金。每逢水族"借端"、"借卯"等节日女子都要佩戴银饰。水族银制品加工工艺非常精细，工序包括铸炼、锤打、编结、洗涤过程。水族传统银制品主要有银项圈、银手镯、银耳环、银角、银钗、银戒指、银压领、银帽福、银簪、银梳、银围腰链等10多种。节日中，水族妇女身着五彩衣裙，用银饰装扮自己，全身银光闪闪，花样各异，斑斓夺目，美轮美奂，特色浓郁。

第九节 节　日

水族有许多传统日，主要有端节、卯节、苏宁喜节、荐节、敬霞节、春节等，最隆重的当推"端节"。

端节又叫"瓜节"，水族人称之为"借端（过瓜年）"，"借"是水语"吃"的意思，大多数水族地区都过这一节日。达地水族每年都过这个传统节日，非常隆重。

相传，很早以前，水族有一年过端节时，有两母子生活很清苦，无鸡、鸭、鱼过节，母亲只好叫儿子爬上屋顶去摘一个南瓜来过节，儿子从屋顶摔下不幸跌死。按照水族习惯，人死后到埋葬前都要吃素，为了纪念这个可怜的水族青年，人们在过端节的时候要吃南瓜，而且在端节的晚上吃素，并把"端节"叫做"瓜节"或"瓜年"。

水族有自己的历法，"端节"在水历12月至次年2月（相当于农历9月至10月)，时值大季收割、小季播种，也是水历的年末岁首，端节从卯日延续到辰日，从酉日延续到戌日，不同姓氏宗族根据自己的情况定具体的过节时日，因此是辞旧迎新、庆贺丰收、祭祀祖先的盛大节日。

"瓜节"(端节)在秋收以后的农历9月(猪场天)过节。水族古老的历法是以农历9月为岁首，农历8月为岁末。以水历12月(农历8月)为首端，以水历2月(农历10月)为末端，前后共49天。各宗支按时分为1—7批过节。达地水族"瓜节"属农历9月的第三个亥日。"瓜节"是水族辞旧迎新、祭祀祖先、庆祝丰收、走亲访友的节日。因为以"亥日"为"年初一"，所以在节日头一天晚上即吃年夜饭后要将锅碗盘碟洗净，禁吃油荤。待到鸡鸣时，家家户户起来煮鱼(鱼不算油荤，而鱼包韭菜是传统佳肴，不可少)、煮南瓜、豆及糯米饭、八月笋等作祭品，摆供祭祖，并将老人在世时的新衣、鞋帽、土烟叶等置于一旁设祭，时间由卯至辰。之后，全家主客欢聚进食，互祝安康，祈盼来年丰顺。次日天亮，家家杀猪宰羊、杀鸡杀鸭，供祭后，开始开油荤，亲朋互访，全寨热闹3天。

"亥日"早上，家族之间互相邀请，逐户吃"新年饭"，并给小孩发花生、葵花、糖果等供祭品。早饭后，全村老幼和来宾身着新衣，女的着盛装，到"端坡"去看赛马。赛马场上，众骑手整装待发，由一德高望重的长者发令起跑。获胜者得一段红布搭于马首。"端坡"还是青年男女对歌谈恋爱的场所，"男儿骑马相姑娘，女孩梳妆找新郎"。此外，还举行对歌、跳舞、吹芦笙等活动。

赛马结束，各户盛宴宾客，从午时到戌时，连续不休。

每个宗族或姓氏不同，过瓜节的时间也不同，如达地排老寨王姓、杨姓过戌亥日，潘姓的两个宗族，一个过酉戌日，一个过午未日。

瓜节可以买卖，买卖发生在宗族、姓氏、地方之间，用水牛作中介物，买者购买瓜节之后，在瓜节杀牛祭祖，告诉祖先他们已经把瓜节买过来，从此以后，必须年年都过，卖者也在当年的瓜节杀牛祭祖，告诉祖先他们已经把瓜节卖出了，从此以后不得再过瓜节。买卖的双方达成协议就不能悔改，如果卖了还在过，就会被买者告到"榔头"处，用习惯法处理。如永乐柳排刘姓家族把瓜节卖给了汪姓家族，刘姓家族至今不再过瓜节。

卯节，水语称之为"借卯"，只是部分地区水族人过的节日。与端节（瓜节）一样，也是分期分批过节，日子要选在插秧结束之后的水历九十月（农历五六月）的卯日，并以辛卯日为上吉日。不过卯节是分四批轮流过。由于"端节"和"卯节"事实上都是过年，故过端节的地区不过卯节，过卯节的地区不过端节。

苏宁喜节，水语是"水历四月丑日"的意思，水族民间节日，时间在水历的四月丑日，即农历十二月丑日。据水族传说，这一天是"生母娘娘"向人间送子嗣的日子，所以又叫"娘娘节"，节日的主要内容就是祭祀生母娘娘。

荐节，水语是"正月"的意思，也叫"借荐"，实际上也就是过春节。过荐节的地区一般不过卯节。

敬霞节，"霞"是水语"水神"的意思，敬霞又叫"拜霞"，也就是敬拜水神，是水族人原始宗教崇拜的一种具体体现。敬霞节并非每年都过，相隔两年、六年、十二年不等。具体时间由水书先生根据《水书》推算。

第十节 丧　葬

水族实行木棺土葬。有三种安葬形式：一是随死随葬，就是不择时日随时安葬。这种情况一般发生在死者死时的日子不好或家庭贫苦的情况下，但不能当天下葬。二是择日安葬，即人死后，查阅水书直到有适宜安葬的好日子，才出殡安葬。这实际也是一种停棺待葬的形式，只是停放的时间不长。三是停棺待葬。夏秋两季死者多实行停棺待葬，到秋收以后再择日安葬。其主要原因是夏秋为农忙季节，来帮忙的人少，参加葬礼的亲戚也少，另外丧葬耗资巨大，秋后才有足够的粮食。停棺有室内停棺和野外停棺两种，野外停棺还要搭棚以避风雨。需要停棺待葬的，先在棺内装2—5寸厚草木灰，再入殓，防止尸体臭气散发。

对正常死亡者，要经过报丧、入殓、择吉、祭悼、出殡、安葬、除服等几个丧葬程序，历时三年以上。

一、报丧

老人落气，主家鸣放铁炮或燃放鞭炮或烧掉死者的旧衣物以向寨人宣告家中有丧事，寨人便自来帮忙。接着丧家请人到各路亲戚家中报丧讯，包括舅、姑、姻亲、好友以及死者的女婿、岳家、娘家等。

二、穿衣

由长子到水井取清水烧热为死者沐浴和剃头（女者梳妆），换上寿服，寿服均为单数，三五七件，女子在腰间系一根青色或绿色绸缎腰带，穿布鞋纱袜。男子剃光头，再包一条长的头帕或戴帽，女子先梳发盘髻，再包头帕，数量不限。

三、上灵床

穿戴完毕，移尸灵床，灵床设在正堂架好的木板上，死者尸体顺屋梁停放在木板上面，用青色、蓝色和白色布各一张把死者全身裹住。在旁摆桌设灵位，点素油灯，桌上放一碗鱼和糯米饭作祭品。水族丧事忌荤，但不忌鱼，可以鱼作为供祭品，可食植物油。一旦死者落气，丧家及房族忌荤吃素，若死者为女性，外家均需忌荤，待安葬完毕大家才能吃荤。

四、入殓

按水书先生择定的时辰将死者装入棺内。棺材材料为老杉木，以枝丫茂盛而下节无疙瘩为佳，棺材一般要涂黑生漆，棺内的缝隙用白纸裱糊，又用草纸、白纸垫于棺底。此时所有与死者属相相同者均回避，帮助入殓的人不能言语，以手势进行交流，以防死者灵魂受扰。用纸包一点银钱放入死者衣兜里，好让死者在回归的路上买水喝。入殓毕，灵柩在堂屋顺梁停放，设供桌供祭至除服止。女性死亡，必须由其娘家的亲人来亲视入殓。然后举行戴孝仪式，除死者家人戴孝外，房族晚辈以及外甥都需戴孝。孝帕为白布，孝子的孝帕长七尺，其余的人皆为五尺左右，条件好的家庭还穿孝衣。

五、择吉

即是请水书先生按死者的属相与死亡时间测算何日适宜安葬，如果近期没有适合的好日子，丧家便停棺待葬，只能在夜间将灵柩停在屋内或屋外，用木皮盖住，并在上面盖少许泥土，表示暂葬。

六、祭悼

悼念活动就是做道场，即"开控"，开控分为小控、中控、大控、控腊等形式，以活动的规模大小来分，采取哪种形式要视丧家的经济条件而定。但都要杀猪、宰牛、屠马（男丧杀猪屠马，女丧杀猪宰牛），以祭奠亡者和宴请吊丧的客人。丧家吃素的人都不能吃猪牛肉，通常连皮带肉分块，分送给客人。小控：扎灵伞、旗幡，请芦笙一队、唢呐师两对吹奏一晚，请男女歌手各一人唱寿歌。杀一两头猪和打豆腐，仪式较为简单。中控：规模稍大，除杀猪外，还要宰一头牛或屠一匹马。伞、旗幡的原料质量较高，并请芦笙、唢呐吹手2—3对。搭帐篷、设控堂。大控：杀猪宰牛几头至十几头，或屠马几匹至十几匹，吹奏芦笙、唢呐的有十余对，还要耍龙、舞狮、放钢花、火箭、燃孔明灯和唱花灯，扎伞、旗幡等，帐篷多达五六个，分设芦笙堂、唢呐堂、孝歌堂、花灯堂、客祭堂、家祭堂等，吊丧者达千人至数千人。锣鼓喧天，炮声震耳，烛光彻夜通明。控场上，龙飞狮舞，黄烟蔽日，人山人海。凡观看"开控"的人，都在丧家吃饭，有开一天的，还有延续开2—3天的，伙食花销惊人。腊控，较"大控"更为隆重，在灵堂内悬挂铜鼓，按死者的属相来确定鼓的多少，一般限定在3—9个，敲打的鼓点与节日不同，也不用木桶和音。在庭院正中屋檐下，竖一长约4米的青（兰）布幡（此幡不能触及屋瓦面），然后举行放腊仪式。放腊队由5个出生年月不同的男人手执彩旗开道，另着一人倒骑纸马随其后，接着是一队手执彩旗的男青年，再是数十名哭丧的妇女，后是执旗幡、吊笼、伞的队伍和龙狮、芦笙、唢呐队，最后是挑祭奠礼品的队伍，一行数百人前往控场"候腊台"前，绕台三周。耍龙舞狮，锣鼓齐鸣，芦笙、唢呐奏乐，铁炮轰响，山鸣谷应。有钱人家才开得起"大控"或"腊控"，温饱人家只有开"小控"或"中控"。过去，还跳"双木棍互击舞"。

　　启控时，要举行杀牛（马）仪式。先由孝子在灵柩前焚香化纸后，在孝帕上戴斗笠，颈上挂银项圈或银项链，再前往厩房牵牛（马）。如杀马，将马拴在屋檐柱上，配好鞍垫，马笼头上戴白布孝花，马鞍上挂鸟枪、火药包和草鞋，用一只新布袋装雨伞、毛巾、历书和一套新衣服，挂在马背上。祭奠后即将马杀死。如杀牛则在屋檐下钉一个交叉木桩，孝子牵牛捆在木桩上，牛角挂一束稻穗，洒三盅酒后将牛左耳剪下少许送给亡灵，然后才将牛杀死。

办丧事是为了报答父母养育之恩,是尽孝道,"开控"的仪式,只要家庭经济条件允许就必须做。当然家境十分困难的,只好从简。家境困难的人家为了面子开"大控"或"控腊"办丧事,将会债台高筑。

七、出殡

按水书先生择定的时间出殡,孝子们在门外跪候,一是意味着亡者生前有子孙孝敬,二是跪谢帮忙的三亲六戚。出殡时,一人在前撒纸钱开路,长子捧灵牌随后,接着是拉纤、抬棺及送葬队伍,孝子在棺前,孝女在棺后。接着是芦笙和唢呐队伍,最后为水书先生。出殡不准走回头路,灵柩不准停放在地上,若需休息须用木棍或孝帕垫着。

八、安葬

墓穴由懂风水的水书先生或巫师卜择勘定。开挖前,要焚香化纸供土地神,一般开挖8尺长,3尺宽,3-4尺深,挖好后,由水书先生在墓穴底部撒少许朱砂或用大米走线画八卦,按择定的吉时下棺入穴,经过校拨坐向方位后,由孝子先盖第一铲土,鸣放爆竹,亲友及帮忙的人才一齐动手撮土盖棺、垒坟。安葬完毕,大家一起返家,到家门口洗"谷子水",方可进家开宴。安葬后,孝子脱孝,一碗凉水,将猪骨头烧成灰放于水中,称"鬼茶",每人用鬼茶清口后即可开荤。

安葬分为便葬、急葬、深葬、浅葬四种。便葬是不举行"开控"仪式就入土安葬;急葬是因条件限制来不及举行隆重仪式就安埋;深葬是一次性安葬,以后再不移葬了;浅葬也称"假葬",即以死者的生辰、忌辰八字推算,认为不宜下葬所采取的一种权宜办法,到时候还要深葬。其中一种是假葬,挖穴后,穴底垫两截横木，不让棺材着地，也有的在棺材头隔一块木板，流通气孔；另一种是把棺材停在堂中，周围用木板框围着，撮些泥土盖在棺上，为象征性的安葬。

九、立碑

安葬完毕，有的及时立碑，有的过两三年后，择中元节（农历七月十五日）或清明节、春节再立碑。碑一般用青石块磨光后，请石匠刻上亡灵姓氏、孝子、孝孙、孝媳的名字，以供人祭祀瞻仰。大多数为单面碑，富裕人家讲排场，也花大钱制作三面碑、五面碑、八字门、楼阁碑，上刻龙、凤、狮、花草、铜鼓等图案，工艺精美，极具鉴赏价值。

十、除服

水族孝期为三年，满孝时举行除服仪式。用猪或鹅祭祀死者，并将灵位和孝子孝女的孝服孝帕以及房族外戚的孝帕一角拿到墓地烧掉，俗称烧孝帕。此时整个丧葬活动才结束。

对非正常死亡者，如跌死、枪伤死、难产死、淹死、毒蛇咬死等凶死，则实行先火化后土葬，对十八九到五十岁之间的非正常死亡者，仍须洗身、穿寿衣，入棺后，地上放两根大木，将棺置于其上，然后架柴猛烧，有时还加煤油、黄豆等帮助燃烧，之后用新布将骨灰包好，装入新棺再行土葬。

第十一节　信仰与禁忌

一、信仰

水族信仰原始宗教，信奉万物有灵，太阳、月亮、山川、河流、岩石、大树等都是他们崇拜的对象。在日常生产生活中，将自己的言行举止寄予神灵，托付鬼神掌控，医治病人时，水族民间医生还借助"神"的帮助。

水族的宗教信仰属于原始宗教信仰，信奉多神，崇拜自然，认为万事万物皆由神灵主宰。水井、古树、桥梁、巨石等都是其崇拜的对象。有崇拜"岩神"的，因求子、求财、消灾除病而对其许愿，如愿后，每年正月十五还愿，给"岩神"送神帐、桅杆，并杀鸡宰猪"报答"；又有以小孩"命贵"或"命大"，不易养成的，将小孩去拜寄古树、古井，并取名为木生、木保、水生、水保等。水族信奉的鬼神名目繁多，祖先灵魂是最主要的崇拜对象之一。"六甲长老"和"陆乙公"被视为正神（相传"陆乙公"是水书的创立者，每年必祭）。对野鬼则驱逐之。水族凡遇疾病、无子、牲畜瘟死、财运不佳等，都要去请巫师占卜，求卜者备一升米，一壶酒，一只鸡，用三五角钱封红包，带一束香纸去问卜，同时必须带去病患者身上穿的衣服或头巾，以便识别病患者身份，也有请巫师到家里来"过阴"（占卜的一种形式）的。巫师以红布蒙面，端坐椅子，念念有词，道出病因，提示禳解祭品，方可逢凶化吉。问卜者请原巫师禳解，或另请巫师或道师做"法事"禳解。

除"米卜"外，还有"蛋卜"、"石卜"、"草卜"、"铜钱卜"、"竹卦卜"等。最盛行的是"鸡蛋卜"，也称"割蛋"。用蛋一枚，白米一碗，将蛋放在米上，巫师用小树枝烧成的木炭做笔，在蛋上画符，口念咒语，然后将鸡蛋煮熟，用刀切去一半或一头，取出蛋黄，看蛋白上有哪些阴影黑点，薄的一面朝向何方，用此来判断是某神某鬼，如何禳解等。"石卜"是用草绳一根捆一个石头，两手捏住绳头不动，石头下坠，巫师口念咒语，以石头摆动的方向或次数来判断是某神某鬼，吉凶如何。"草卜"是用9根米草捻成一束，巫师口念咒语，将草每两根打一个结，结完后，把草散开，以草联结的根数来判断鬼神的类别和禳解之法。"铜钱卜"是将铜钱5枚、一把米及病患身穿的衣服（一般是扯几根纱）放入一个竹筒里，巫师念咒语并手摇竹筒，念毕，将其倒在事先准备好的大簸箕里，根据铜钱显示的图像来判断是什么鬼神，预测吉凶。此外还有用"竹签"抛于地看吉凶的占卜方法。

二、禁忌

（1）建房禁忌：造屋动工，忌凶日；楼屋朝向，忌朝穷山恶水；砍伐大梁之树木，要使树木倒下时，树梢朝上，树头朝下，忌梢下头上；大梁忌被人畜踩踏跨越；盖房以三、五、七间为吉，忌盖双间房屋；开工动土、建房过程以及乔迁就居，均须选择吉日，忌说不吉利的话语。

（2）岁时节令禁忌：每年立春后第一次听到雷声，在三天内不能下地干活，还要鸣枪放炮。从响雷的方向可推测当年的气候和收成，西、北、西北方向响雷，则风调雨顺，响雷来自东、南、东南方向，则干旱缺水。

农事活动禁忌：火日、金日不下秧，怕干旱烧死禾苗；非鸡日、虎日、马日不种玉米，否则鸟兽糟蹋庄稼；立夏当天忌天晴，怕干旱无雨。

节日天气与当年收成禁忌：水族地区分批过端节，第一二批过端节的，希望节日期间三天皆下雨，认为天晴会带来干旱，而第三四批过端节的，则希望期间三天皆晴天，若三天都下雨，将会多雨烂谷。

此外，种棉花、小米时，忌谈棉花、小米，否则出苗不齐。谷子出穗时，忌烧竹子等。

（3）婚姻禁忌：民间操办婚事，要请先生择吉日，忌凶煞日问亲、迎娶。迎娶之日，最忌响雷，出阁前响雷，要改日期；若送嫁途中打雷，入门后不坐不喝立即返回娘家，或在夫家住到第13天后回娘家，且要杀一公鸡祭祀雷神。迎娶时，忌走同日另一位新娘走过之路，忌讳踩当天被出殡送葬者走过之路，否则日后诸事不吉利，娶嫁队伍或改道而行，或由兄弟背着新娘走过去。新娘入门时，忌踩门槛。新娘进家后，应以空室迎候，忌洞房有人，以象征她成为该室的主人。

（4）生育禁忌：孕妇忌在娘家生育，以免给娘家带来不吉。生育后3天，忌产妇去别家里串门，有好事或出门办大事的人家则在门上插上草标或插上三角形的红纸旗，提示孕妇或妇女免进。产妇忌吃酸辣食品，忌听到鞭炮声及其他怪声。外婆来探望女儿时，忌进产房，满月后，第一次背孩子回娘家时，要避凶煞之日，并在孩子背带插上草标以驱邪。不要称赞孩子长得可爱，而要说他长得丑陋，以免让鬼听见后作怪或祸害孩子。

（5）禽畜禁忌：民间认为，家禽家畜能带来家庭好运，若出现怪异现象，也会给家人添灾惹祸。例如，如耕牛从大门进家，视为对祖先不敬，要宰杀此牛祭祖。忌鸡飞上神龛，忌猪睡卧在食槽里。买来的禽畜，要象征性地用火燎燎其尾部，以示薰掉其邪秽不吉。岳丈与女婿之间，忌讳赠送狗儿。

此外，民间还对日常生活和自然界的一些怪异现象有各种禁忌。例如，家人出远门那天，忌讳煮饭夹生和摔碗、掉筷，以为对远行人不吉利。倘若没有大风大雨而遇见山岩崩坍、巨树倒下，亦被视为灾祸之兆。忌讳蛇、蚂蚁进家，忌讳马蜂在家结巢，忌讳飞鸟拉屎落在身上，认为这种怪异之事会给人带来灾祸。

第十二节　文学艺术与工艺

一、民间文学

水族民间文学艺术比较丰富，有神话故事、歌谣、格言、谚语、芦笙、舞蹈、编织、纺织、刺绣等。

神话故事传说广泛，有叙述历史，有对劳动人民聪明智慧的赞扬，有对男女青年爱情的描述等。

歌谣分大歌、小歌，多为即兴编唱。大歌为长篇叙事歌，叙述人类起源、民族迁徙、历史人物等。多在婚丧喜事场合及节日会场合唱。一唱众合，不用伴奏。歌词多为七言一句，一首有数十句。小歌为短歌，一般四至八句，以情歌为主。

格言谚语是水族口头流传的有关人情世故、风俗习惯、社会哲理等的警句。语词精练，对偶工整，音调韵协，一般都为社会所信守，是一种不成文的法规。

二、水族民歌

水族的民间音乐有其独特的民族风格，尤其是民歌，形式多样，可分为双歌、单歌、蔸歌、调歌和诘歌五种。

双歌，水语称为"旭早"，"旭"就是"歌"的意思，"早"就是"双、对"的意思。水族的双歌又分为两类，一是敬酒、祝贺、叙事类双歌，二是寓言性双歌。

单歌，水语叫"旭挤"，"挤"就是"单"的意思。单歌演唱时有单唱、双唱和集体唱三种形式。单唱，也叫"小歌"，指青年人在山上谈恋爱时一人唱或者是一男一女对唱的情歌。双唱，也叫"大歌"，是指在堂子唱的歌，通常两人为一方对唱。集体唱是三人以上为一方对唱，但也有一对一唱的，歌的内容多为叙事。

蔸歌，水语称为"旭红"，就是"一筑、一蓬、一丛"的意思，演唱者为两人以上，多则不限，也分说白和吟唱两部分。

调歌可分为婚嫁调歌、丧葬调歌、日常生活调歌等。

诘歌，又称"诘俄讶"，是一种讲述古理古规的词，通常以念唱为主。可分为婚嫁诘歌、丧葬诘歌、评理论事诘歌三种。

三、水族乐器

水族乐器主要有铜鼓、大皮鼓、芦笙、唢呐、胡琴、钗等，其中铜鼓乐和大皮鼓乐最为流行。

铜鼓是水族传统的民间乐器，有悠久的历史，分公鼓和母鼓两种。公鼓的鼓面和鼓体本身做工较为精巧，音色圆润洪亮，母鼓的形体较粗重，声音不如公鼓洪亮。

铜鼓多在节日、祭祀、丧葬或者盛大庆贺活动中使用，多由两人共同演奏。

大皮鼓也是水族地区流行的一种打击乐器，把整筒圆木刨光镂空，用硝制的牛皮蒙住鼓的两头，粗约100厘米，长约150厘米，多与铜鼓同时使用。

四、水族舞蹈

水族的传统舞蹈主要有铜鼓舞、斗角舞、芦笙舞。

铜鼓舞，水语叫"丢压"，是"跳铜鼓"的意思，多在节日、祭祀或丧葬时演出。铜鼓舞是一种男子集体舞蹈，参加人数不限，但须为偶数。

斗角舞，又叫"斗牛舞"，常在祭祀、节庆和丧葬时演出，其动作表现了水族斗牛时的场面。这种舞有季节性，在开春时便停止，在稻秧抽穗后又开始跳。

芦笙舞，水语称"是蹈"，多在祭祀、节庆和丧葬时演出。表演者为三男六女，他们穿着彩色的古舞衣，腰系白鸡毛彩裙，头缠红色或深灰色包头，包头上插着银花和雉尾。表演时，由一男子吹最小的芦笙走在最前面领舞，其他人紧跟后面，随着节拍起舞。芦笙有开步调、敬茶调、悲伤调、说明调、结束调等。

水族的舞蹈还有龙舞、狮舞等，舞步矫健，气势雄浑，龙舞、狮舞在办丧事、"开控"时才举行。

五、水族的手工艺

有刺绣、编织、纺织、印染等。刺绣包括绣花、挑花、补花。针法有平绣、剪花绣、插绣等。编织艺术有花椒纹、回纹、斜纹、方格纹、鱼骨纹、皱纹等。竹制的睡席、提篮、箩筐都编出花纹。

第二章 苗　族

第一节　来源与分布

达地境内苗族与远古时期居住在黄河中下游的"九黎"和居住在长江中下游的"三苗"有渊源关系。秦汉时期，苗族有一大支逆长江经江西、湖南、广西东北部辗转迁徙到榕江一带居住，现居住在达地的苗族，大多从榕江、三都、丹寨等地方迁入定居。一支居住在野蒙、达洛一带，另一支主要居住在小乌、高车、乌达、里勇等地。

第二节　语言文字

一、语言

达地境苗族使用苗语。新中国成立前懂汉语的人很少，现在多数成年人能兼用汉语。达地苗族主要操黔东方言南部土语。

二、文字

1956年，国家为苗族创造了苗族文字，苗族文字包括湘西方言、黔东方言、川黔滇方言三种，经中央民族事务委员会批准试验推行。1958—1990年期间，乡内试点推行黔东方言苗文。

达地乡境试行的苗文有32个声母、26个韵母、8个声调。

音节由声母、韵母、声调字母三部分组成,声调字母置于音节的后部。

第三节　生产生活习俗

一、饮食

苗族主食大米。平时吃用木甑蒸熟的黏米饭,黏米饭也可用鼎罐焖熟。糯米在节日、婚丧、走亲访友和祭祀时必不可少,可制作成白糯饭、花糯饭、糍粑、粽粑、汤粑、黄糕粑、米花、甜酒等,分别使用于不同场合。副食品有玉米、红薯、小米、小麦、大麦、高粱等。

蔬菜有青菜、韭菜、南瓜、豇瓜、魔芋等。嗜食酸辣味,平时多用清水或米汤煮菜,加以酸、辣调味。每户自备番茄酸、辣椒酸、酸菜、甜糟辣、酸糟、鱼酸等。肉食品种主要为猪、牛、鸡肉,多在婚、丧、立房、节日、祭祀时食用。20世纪80年代经济发展,农民生活逐步改善,肉食渐成家常食品。杀猪时,喜做血灌肠。鲤鱼和公鸡是各种祭典和招待上宾时最常用的食品。苗族喜欢以鸡、鸭、鹅、狗肉掺大米煮粥食。

普遍喜吃火锅和使用"辣蘸水","辣蘸水"的调料有辣椒、花椒、葱、姜、豆豉、狗肉香、山苍子、香椿芽、辣蓼等。

亲友临门,必以酒待,菜肴不太在乎。宴客时,以歌敬酒,行交杯酒、转转酒、猜拳酒等酒礼俗。

酸汤鱼做法:把鲜鲤鱼去胆,放入加有调料的酸汤锅中煮熟,取出拌以花椒粉或蒜泥等作料,即可食用。

酸牛皮做法:把水牛皮去毛刮净,炖软放入酸坛,随吃随取,切成薄片拌调而食,色泽透明,其味酸香绵软清凉。

二、生产互助

达地苗族凡遇犁田、插秧、收割等大的生产活动，家族邻里亲友都热心无偿出劳力出工具帮忙，不要求对等还工。对孤寡鳏及患病人家的生产困难，更是主动无偿帮助。

三、起活路与祭土

各苗族村寨从正月初一起禁止动土，认为田地也和人一样过年休息。在正月十五前后某个吉日，先由寨中的"活路头"扛锄挑粪，到田里挖几锄，施肥于土，烧香焚纸，插上一束打结的芭茅标，算是"起活路"，苗语称"庆臬"。从此各家才可以做犁田、挖土、施肥之类农活。如有违犯者，认为是得罪土神，农作物将有不测，要用小猪、酒饭等祭土谢罪。

四、忌虫

逢"鼠"、"马"日，被认为是"虫"日，不做犁田、挖地、播种、薅秧等农活（但可以打柴、割草、摘菜），否则，认为农作物会遭虫害。

五、忌雷与祭雷神

遇头三声春雷鸣，要"忌雷"，三日内不犁田挖土，不播种，不施肥，认为雷神会施放雷火烧庄稼。如果发现农作物枝叶枯黄发红，认为被雷火烧坏，要用公鸡、小猪、酒饭、白纸到现场祭雷神。祭雷神主要流行于排调地区。

六、开秧门与关秧门

插秧季节，由寨中的"活路头"先在田里插上几蔸秧苗，再插上一束打结的芭茅草标，称为"开秧门"，然后各家才能动手插秧。开秧门时家家吃糯米饭,寄予丰收的希望。全寨插完秧,有些地方还由"活路头"主持,有意把留下的最后一小块田插上秧,称为"关秧门"。然后全寨包粽粑祭稻神"嘎嫩娜",并把粽粑叶用米草捆成筒状,插在稻田里。传说,粽粑叶和米草是稻神的衣服和花带,稻神得了它,高高兴兴上天去跳芦笙铜鼓舞,这样水稻才获丰收。

七、种棉习俗

种棉时,人们穿着整整洁洁上坡,妇女们还佩戴银饰。先在挖好的棉地立一石块(象征棉神婆),四周插上拴挂着螺蛳壳、鸡蛋壳和各色布条的树枝、山花和打结的芭茅标,摆上鸡蛋、鱼肉、酒饭,大家或坐或蹲,一人头戴斗笠,在石块边种上三窝,祭祀棉神婆后喊:"起来!"(意为请棉苗齐出土)。众人才起来动手种棉。他们认为这样做,棉苗会长得像小树和山花一样茂盛,棉桃会像螺蛳壳那样大,棉花会像鸡蛋壳那样白。

八、插芭茅草标

凡田地刚种上作物,都在田地里插上一束打结的芭茅标,表示"不得进入",防止践踏损坏。如果草标里再夹一根剥去皮的五倍子树枝,则还表示驱邪,以保作物无灾病。砍的柴、割的草要暂放坡上,就插上一打结的芭茅草标,表示"不得动此柴、草",他人见了也不会拿走。赶集出卖猪、牛或铁木、竹器等重要产品之前,在大门口插上打结的芭茅草标,表示"别家女人免进",认为这样做买卖才会顺利。

九、打猎习俗

达地苗族男子过去有打猎习俗。有的在家中设置猎神坛,杀公鸡祭猎神,把弓弩或猎枪粘上鸡血,平时均挂于坛下。打获猎物时忌呼"打死了",并把枪、弓放地下,认为这样山神才不知道它养的"牲畜"已被打死,它才会不施复活术让猎物跑掉。猎获野兽,头归猎狗,腿归打中者,其余部分"见者有份"。煮猎物时,除了放盐以外,不能加入任何调味香料,否则今后打猎难获,且易误伤他人。猎兽的头骨不能划破,要挂在猎神坛下或楼枕下,否则削弱猎狗的本领。

十、染布习俗

达地苗族过去穿自织自染的土布。以前家家有染缸,一般是初秋开始染布,用蓝靛作染料。制造染水用"龙"(辰)日,染缸要安放在房内中柱旁边。先剪3个白纸人形(象征染布神)贴于染缸上,用3条鱼、3碗酒、1碗米、两个鸡蛋祭之,认为这样做染水才造得好。春耕开始就不能染布了,或把染水倒掉,或用斗笠把染缸盖住,上压一块泥土,表示已封缸,认为如果让雷神看见了染水,雷神会阻止降雨来犁田。

十一、建房习俗

建房要择与主家相生的吉年,发墨、立房架、装大门、架楼梯、迁新居则择吉日。上山伐中柱时,须用鱼、酒、糯米饭并烧香、焚纸祭树,由掌墨师傅祭树后才能砍.做中柱剩下的树梢,必定用来制作一对新木马.抬到家后,把中柱架在新木马上,用1只公鸡、1升米、1元2角钱和鱼、糯米饭、酒并烧香、焚纸祭新木马和木工工具,然后主家站在柱脚一头,掌墨师傅站在柱梢一头,两人拉直墨线往中柱四面各弹一线,即为"发墨"。之后众人才可动手制造房架。中柱高度尾数取"8",如1丈8尺8寸、2丈1尺8寸等。大梁选象征子孙发达兴旺的两株并生或枝叶繁茂的杉树来做,在中部画上菱形梁图,钉银币于梁心,并将历书、毛笔、墨锭、筷子、茶叶、各种粮食蔬菜种子等用红绸缎包于梁心。个别地区苗族还举行开梁口、上大梁、撒梁粑等仪式。迁新居时，大多举行牵牛、挑稻谷柴等进门仪式。

十二、居住

达地苗寨房屋多建在凹处或山湾，少数建在河边或山包上，考虑到近水源、近田土，有许多农户就近田土单家独户散居。通常每寨为二三十户到五六十户。寨旁种植有枫、楠、竹等风景树。新中国成立前，部分寨子筑有围墙或栽有荆棘竹丝作为屏障，立有寨门出入。有的寨中建有池塘，供防火和牛洗澡用。

住房多为干栏式杉木楼房，二楼一底，少数一楼一底，均以木板作围壁。有的依山就势建造吊脚楼或"半边楼"，为悬山式屋顶，过去多盖以杉木皮或草，现在基本上盖小青瓦。近年有些人家建起砖木或混凝土结构的平房或楼房。苗族的房前搭建木质晒台，供晾晒粮、布、衣物及夏季乘凉。房屋构造多为五柱四瓜或七柱六瓜，三间一幛，中间为堂屋。有的正房两头搭建偏厦或厢房。

房屋空间布局方面，上层作粮仓和堆放杂物用，中层分隔为堂屋间、火塘间、卧室、灶房，供人饮食起居，底层作关牲畜、放柴草、安碓磨用。有的地方把谷仓或畜圈另建在一边。堂屋是庆典、宴客和祭祀的中心场所，内壁设神龛，供祖神住。住房虽还宽敞，但每间房间只开一两孔小窗，采光不足。家具少而简陋，一般仅有饭桌、碗柜、衣箱或小衣柜、木板床和小板凳等。

十三、婚姻

遵循传统的婚姻缔结程序，有说媒、订婚、结婚、回门几个步骤。

十四、丧葬

婴孩和儿童死亡,以杉木皮或木板为匣当日埋葬,不告亲友吊丧,不举行葬礼,不垒坟包。成年人死亡,要通告新友,举行葬礼,择吉日安葬,并垒坟包。其程序有送终报丧、守灵、吊丧、入殓出殡、安葬、拜灵、送水、走客、上坟等。

十五、节日

达地乡境内苗族节日渐渐变为过春节,传统节日有苗年、祭鼓节、游坡节、端午节、端节等,但是苗族的端节与水族端节时间不同。

十六、礼仪

家庭用餐,一般要等长辈上桌后才动筷;遇吃好的,瘦肉、鸡鸭腿优先留给孩童,肝、鸡头敬给长者;进食时若有人临门,不论亲疏,必邀共食,否则视为失礼。晚辈不当长者的面跷二郎腿,过长者面前先道歉,不直呼长辈名字,主动给长者和客人敬烟、敬茶水、斟酒、添饭、端洗脸、洗脚水。亲友来做客,不分穷富都热情招待;若带来礼物,必须回赠。孩童首次来做客,可赠钱币或蛋、糯米饭、衣物等。

十七、信仰

达地乡境内苗族认为万物有灵,信仰原始宗教,崇拜自然,过去比较相信鬼神,随着科技的进步,现在相信鬼神的人少了。

十八、禁忌

达地乡境内苗族禁忌有生产禁忌、生活禁忌、语言禁忌等。

第四节 服　饰

达地乡境内苗族成年男子服饰大体一样。清代中叶以后穿青、蓝色左衽短衣，青、黑色大裆宽筒裤，绑腿，上山穿草鞋，回家穿布鞋布袜。过去，苗族男子留发梳辫，外包青帕，民国初年以后剃光头，仍包头帕，上穿左衽大襟长衫，外套马褂，拴布腰带。民国中期以后留短发、露发或包头帕，穿对襟短上衣。新中国成立后，多数中青年男子逐渐改着中山装、夹克服，有的穿西服。

女子服饰有百鸟衣、八寨苗服饰两种类型，各分盛装与便装。盛装在结婚、节庆时穿，并作寿服。

第五节　文学艺术

一、民间文学

（1）诗歌：苗族民间诗歌有古歌、叙事歌、礼仪歌、劳动歌、情歌、酒歌、苦歌、时序歌、儿歌、丧歌等。

（2）贾：苗语音译词，有人亦意译为"理词"，是境内苗族民间的一种文学体裁叙事歌，"贾"即"理"，贾主要用于处理民间纠纷和教育。

（3）说唱（嘎百福）：是苗族曲艺。每篇记述一个完整故事，部分唱部分叙述，作品有较强的比喻性和哲理性。

（4）神话传说故事：数量丰富，故事大多情节简练，篇幅不长。

（5）童话寓言笑话：笑话情节单纯，语言活泼，对种种不良现象和愚昧行为进行了辛辣幽默的讽刺。

（6）谜语谚语歇后语：谜语题材广泛，构思形象，谜底不仅打实物或自然现象，还打动作行为，多为歌谣体。

二、音乐舞蹈

（1）声乐：境内苗族民间声乐有飞歌调、情歌调、酒歌调、贾调、出嫁歌调、丧歌调、劳动歌调等。常唱的曲调有10多种，每支曲调的乐句或三五句，或只是一句作循环反复。

飞歌嘹亮、奔放、豪迈，旋律起伏，真假嗓并用。情歌调多用假嗓、轻声唱法，有独唱、合唱、二迭声唱。乐句平易流畅，少修饰音，旋律起伏和节奏变化不大。酒歌调较平缓，使用真嗓，唱法开朗。贾调古朴、浑厚、庄重、有力，使用真嗓。出嫁歌调节奏较缓，情绪缠绵。哭丧歌调为气声唱法，有拖声，抒情味浓。祭祀调有祭鼓调、过阴调等，使用真嗓吟诵。劳动歌调乐句短小，节奏感强，众声合唱，诙谐流畅。儿歌调旋律简洁，修饰音少。

（2）乐器：传统乐器有芦笙、莽筒、铜鼓、木鼓、古瓢琴、夜箫、唢呐等。

（3）舞蹈：有芦笙舞、古瓢舞，其中野蒙古瓢舞最具代表性。

三、工艺美术

达地乡境内苗族的工艺美术主要有纺织、蜡染、编织、刺绣、剪纸、银饰等品种。

第三章 瑶 族

第一节 来源与分布

瑶族是一个古老的民族,自称"盘古瑶"。民间有"先有瑶人,后有朝廷"之说。

达地乡境内的瑶族,清仁宗嘉庆年间(距今约180余年)自广西、荔波、三合(今三都)等地陆续迁入。有盘、赵、邓、龙诸姓。聚居在乌空、桥撒、汪述等村,与其他民族杂居的有龙塘沟、排松、平寨、老寨、背略、庞家、同鸟、皆力、也辽、小乌、白米寨等。

第二节 语 言

瑶族语言属汉藏语系苗瑶语语支。讲瑶语,使用汉文。自称"勉"、"金门"、"布努"、"努努"、"拉加"。因长期与汉族杂居,一般都通汉语,有时也以汉语为交际语言。

第三节 社 会 经 济

由于历史的原因,瑶族多居住在边远地区的高山深谷中,

"进山唯恐不深，入林唯恐不密"，距集镇较远。从事农业，主食大米，喜吃糯米和辣椒，有"无辣不成菜"之说，忌食狗肉，爱饮酒，以烟待客。延续狩猎习俗至今，猎具除火药枪外，还有铁夹、套索、木猫、兽圈等。传统的耕作方式，刀耕火种，作物粗放，种一坡，收一箩，个别地方，经济还处于相对落后状态。建筑物矮小简陋。家境好的，住房为木质平房，一般三大间搭一厢房，盖木皮和小青瓦。贫苦的住茅房，"人"字叉。中堂必有土，寓"人不离土"之意。畜禽圈栏设于房侧或屋后，人畜分居。粮仓设于屋外，保持一定距离，以利防火和贮粮。由于历史上频繁的迁徙和战乱，严重地破坏了社会生产力，加上恶劣的地理环境，部分瑶族人民的生活仍处在贫困之中。

新中国成立后，瑶寨有了较大的变化，改革开放后，衣食问题已初步解决。近年，背略、汪述、南屏等村装了电灯，通了公路，有了专业户，有的年收入上万元。

第四节 家庭婚姻社会组织

瑶族家庭为子父两代的小家庭，也有三代同堂的，中间一代的男子有家事决策权，上瞻老，下扶幼，承担一家生活的重任。

婚姻有两种方式：一为自由婚姻，经社交相恋，唱歌传情，通过一段时间相互了解，恋爱较为成熟后，自愿结合，男方要以酒、肉、糖、糯米等礼品自己去女方家赔礼说亲，女方家通常不收"财礼钱"。二是请媒说婚，一般两年后才过门。姑母之女嫁舅父的儿子，叫"还娘头"，过去有现在没有了，寡妇再嫁不受禁止，入赘亦不受歧视。

瑶族地区在清代有一种祖传下来的《关山书》，也称《石碑律》，是同寨、同族人集议的一种"习惯法"。用汉字刻于石碑之上,由众推的"石碑头人"执行。它对维护社会秩序、解决民事纠纷、保护财产和庄稼有一定的约束力。以后改为"议榔",现为"乡规民约"所代替。

第五节 习俗与节日

瑶族把高寿老人去世称为"白喜"。如死者年过八旬,认为是"百年归葬",葬礼特别隆重。老人病重时,全族老幼都守护在身边。弥留之际,给老人喂一点酒,祝安心上路去九泉。死后,洗身着装,将尸体停放中堂,称为"上梦床"。并设灵位,写灵牌,举行堂祭。属小辈都戴孝帕,忌食荤腥。出殡时,请巫师"开路",撒"买路钱",吹芦笙、唢呐,燃放爆竹,全村男女送葬,直至墓地。夭亡及非正常死亡的,葬礼简单,尸体火化。死在外面的尸体不能停放在家中。

媳妇生育第一胎为男婴,男家要拿一只雄鸡和半壶米酒去外婆家报喜,外婆收下鸡喂养,并将酒壶装满酒用原壶还礼。如生女孩子,去报喜时则拿一只母鸡和一壶米酒,外婆家要送一只雄鸡和一壶米酒还礼,意思是望下一胎生男婴。满月前办"满月酒",庆贺一天。媳妇在产期不能上灶房,不能用脚踩灶,不能在灶边烘尿布,不能随意到别人家去。

瑶族的节日,除"春节"、"四月八"、"端午节"外,还有"七月半"、"交愿"(三年一次)、"还愿"(五年一次)。而尤以"还愿"最为隆重。"七月半"即农历7月13日,俗称"鬼节"。这天,家家包粽粑,杀鸡鸭,煮鱼烤酒,祭祀五代祖宗。还用草纸"封包"写上各代祖宗考妣的名字,念咒火化。"还愿"是为了纪念"盘古王"和庆丰年而举行的仪式,规模较大,要进行三天三夜。一般在秋季收获后的"未"(羊)日和"卯"(兔)日。

年景越好越热闹,有起"法明"、开"挂灯"的内容。意思是预祝夫妻百年偕老,年年丰收,不遭横祸。"交愿"规模比"还愿"小。

第六节 信 仰

瑶族对自然物普遍崇拜,凡日月、雷电、风雨、古木、桥、怪石都视为神灵,认为鬼神有"善"、"恶"之分。堂内设神龛,祭礼祖宗,日必烧香叩首。迁徙时必携带祖先偶像,定居后必立"盘王庙",还"盘王愿"。新中国成立后,随着科学文化发展,除"还愿"及敬奉"盘古王"、设龛敬祖外,有的传统习俗已逐渐丢弃,不再奉行。

第七节 民间文艺

民间文艺有口头文学《关山碑》、《漂洋过海》等传说以及用民歌调唱的"还愿歌"、"对白词"等。有用瑶语唱的,也有用汉语唱的,有单唱、对唱的,也有一唱众和的。还"盘王愿"时,彻夜欢唱,气氛热烈。常用的乐器有箫、笛、铜鼓、唢呐(又称八仙)。舞蹈有"打猎舞"、"铜鼓舞"等。

第四章 汉　　族

第一节　迁徙与分布

清雍正年间在雷公山地区建厅设卫汛，大批汉族军政人员和眷属迁入达地居住。境内汉族主要分布于达地乡达勒、达地和乌达村等。2008年达地境内汉族约占16%，也是全乡人口较多的一个民族。

第二节　家庭与家族

一、家庭

达地乡境汉族家庭多为一对夫妻和父母、子女二三代组成的父系制核心家庭。

多子家庭在儿子婚后一般就要分居，父母多跟小儿子共同生活。分家时，田土山林（指土地私有制时期）、房屋平均分给每个儿子，有的人家还分一份田给长孙。富有的人家往往留着养老田和祭祀田。女儿无权参加分家产。分家时有家族长者到场，并写下"分关"（契约）各执。新中国成立后，男女同样享有家产继承权利和赡养父母的义务，但民间一般仍依旧俗，女儿多主动放弃共分家产或继承父母遗产的权利。绝嗣户的遗产按"有房族归房族，无房族归家族"的传统习俗处理。

汉族家庭重视子女的文化教育，鼓励并尽力供给子女上学读书，并以其学业优秀和成才为荣。

二、家族

汉族注重家族关系，大的家族下面还分房族。家族一般都修有宗谱。

第三节 生活习俗

一、居住

达地乡境内汉族住房大多数为木结构一楼一底房屋，下层住人，上层低矮供存放杂物。有的亦建二楼一底楼房或吊脚楼。新中国成立前，有的富户建有四合院。各种住房均为悬山式屋顶，现均盖小青瓦。房前屋后栽有橙、柿、石榴等果树，象征"赐子"（柿子）、"成子"（橙子）、"多子"（多籽）的人丁兴旺景象。

二、饮食

达地乡境内汉族主食大米，辅以玉米、红薯、小麦等。蔬菜以白菜、青菜、瓜豆为主。调味品有辣椒、葱、姜、蒜、花椒、胡椒等。

三、服饰

民国时期汉族成年男子剃光或留短发，上穿对襟短衣或右衽大襟长衫，老年人穿长衫外罩马褂，下穿宽筒扎腰长裤，脚穿草鞋、布鞋、胶鞋或跣足。

四、婚姻

达地乡境内汉族婚姻为一夫一妻制。除了一般择偶婚外，还有姑舅表婚、姨表婚、入赘婚、转房婚等婚姻形式。通婚范围较广，与少数民族通婚渐为普遍。新中国成立前，有纳妾现象，婚姻缔结凭父母之命、媒妁之言，实行"明媒正娶"，对女子尤其强调"三从四德"和"贞节"。新中国成立后，纳妾已不存在，实行恋爱自由、婚姻自愿，结婚大多数采用传统的程式，少数采用简朴的婚礼。

传统的婚姻缔结程序遵循"六礼"，民国以后渐简化为说亲、定亲、结亲。

五、丧葬

达地乡境汉族中老年人的丧事一般都办理得很隆重。传统的丧事程序大致有送终、入殓、守灵、祭奠、吊丧、殡葬、烧七等。

六、方言

达地乡境内汉语方言属北方方言西南次方言贵州话，其他少数民族有水族语言、苗族语言、瑶族语言，水、苗、瑶族平时生活交流都在使用自己民族的语言。

第四节　节　　日

一、春节

又称过年，是达地乡境内汉族最隆重的节日。

二、清时节

是祭祀祖宗的节日，以家庭或房族为活动单位，时在"清明"之日或其前后。带鸡、鹅、羊、酒、肉、糯米饭等到坟地祭奠，修整坟墓，插上纸标。

三、端午节

又称端阳节，时间在五月初五，家家包粽子、挂艾草和草蒲于大门上驱邪，有的饮雄黄酒，认为可避疫。这日有的爬山"游百病"，有的在农历五月十五日过，叫过大端午，只是吃粽子。

四、七月半

又称中元节，或称鬼节，在农历七月十三日过，主要是祭祖敬鬼，办菜席供祭先人。

五、中秋节

农历八月十五日过。民国时期，各家点香烛，把泡粑、月饼、糖果、豆腐等摆供于门外，敬奉月神，还兴"偷"瓜果娱乐。

第五节 礼　仪

汉族注重传统礼仪。尊老爱幼，有为老人"做寿"和小孩子"做生"之俗。亲友邻里有喜庆婚丧等事，常送以物品、钱币表示庆贺或慰问，各种礼尚往来中常用柬帖形式表达。家庭和房族成员中习惯按辈分以排行顺序称呼，如二帖形式表达。家庭和房族成员中习惯按辈分以排行顺序称呼，如二公、三叔、四哥、五嫂等。成年人有按子女的身份称他人的习惯。路遇生人打招呼时，男性之间或对于男性常泛称为伙计、伙计爷、老庚等，女性之间或对于女性常泛称为姨妈、姨娘、伙计妈等。

生育第三天，用草药煎水擦洗婴孩，叫做"洗三朝"。同时为其起名字，派人带鸡（女婴带母鸡、男婴带公鸡）到外家报喜。外婆在婴孩满月前邀集女性亲友，带甜酒（必装于结亲时男家抬去的那两个酒坛）、肉、蛋、鸡等营养品和婴孩衣物、鞋、帽、包被、背带等礼物，前来祝贺。男家煮甜酒汤粑、红蛋设宴招待，三日方散。

第六节 信仰与禁忌

一、信仰

达地乡境内汉族民间信仰原始宗教、佛教和道教。

二、禁忌

动土生产或起房造屋时，忌说不吉利话。出门赶场忌先遇光头人，忌说猴子。逢初七忌出门，初八忌归家。乘船时忌唱歌和打口哨。新娘出门时忌与父母见面，途中忌接亲灯熄灭，忌遇打雷，忌与别的结亲队伍相遇，进门时忌与别家灵柩相遇，灵柩入土前忌放触地面。孝子百日之内忌理发。包孝帕的人忌进别人家。正月初一不煮生，不扫地，不拿针线，不干活。

党政群团篇

第一章　中国共产党地方组织

第一节　1949年前的民众团体

1943年（民国三十二年），达地发生荒灾，百姓生活困苦。国民党政府当局强征大量军粮，强迫农民挑运。在农民无粮可交的情况下，野蒙水族农民韦洪彬在乌空的桥撒屋背唱歌坪召集羊福、千家寨、甲雄（现属三都县）、桥桑、草坪、达地、上马路、乌空等十余寨的苗、瑶、水、汉族群众500余人召开会议。会上韦洪彬宣布："抗兵抗粮；不准投降国民党；抗击国民党反动统治"。不久又在三都千家寨召开第二次会议，组成300余人的反国民党兵团，推选韦洪彬为大队长，韦占标（水族）、潘正章（水族）为中队长；下分三个中队，以王治勋（水族）、钟占标（侗族）任分队长；潘正朝（水族）为文书，组织领导打击国民党地方反动势力的斗争。1944年6月（民国三十三年），贵州省政府派保安团会同丹寨县保警队500余人，分进合击。韦洪彬率队百余人埋伏于高车夺鸟坳口，与敌激战了三天三夜，终因弹尽粮绝，韦部失利，后被永乐乡长王××诱捕，押送独山杀害，副大队长韦占标也为甲雄乡长杨×所诱杀，韦洪彬兵团宣告失败。

第二节　中共达地乡（公社、镇）委员会

新中国成立初，达地设立党的工作委员会。1951年7月设区委员会。1952年开始发展3名党员，他们分别是：王云青（男，背略平寨）、王贞祥（男，排老黄土寨）、陈天喜（男，达勒），1953年又发展3名党员，他们分别是：刘加强（男，野蒙）、李正国（男，达地街上）、韦国安（男，达勒）。1953年3月建立党支部，后来逐渐建立乡镇党支部委员会。1957年3月，设立片区，建片区基层党委会。1958年12月，撤区并社，设立公社党委会，下设管理区，区建立总支委员会。1961年8月，撤一区一社制和管理区，恢复区党委。1984年建立中共达地镇委员会。1992年建立中共达地水族乡委员会。

一、中共达地乡工作委员会（1950.10—1951.4）

新中国成立初，达地属丹寨县排调区，1950年9月，建立中共达地乡工作委员会，驻地乌达。

书记：朱永义（1950.10—1951.4）

二、中共永乐区达地乡支部委员会（1954.4—1958.12）

1954年4月，建立达地乡党支部委员会，选举王云清为党支部书记，1956年6月，王云清离任后选王贞祥为支部书记，驻地达地。

书记：王云清（背略村平寨人，1954.4—1956.9）
　　　王贞祥（排老村黄土寨人，1956.9—1958.12）

三、中共达地片区基层委员会（1957.3—1958.1）

1957年，中共丹寨县委决定，将排调下半区的5个乡划为

永乐、达地两个片区。达地片区包括达地、乔桑两个乡，驻地在达地乡。

书　　记：王贯生（山东人，汉，1957—1958.6）

副书记：韦寿山（达地人，苗，1957—1958.6）

四、中共永乐公社达地工区总支委员会（1959.2—1961.8）

1956年9月建立中共永乐公社达地工区总支委员会，选举唐义元任党支部书记，1960年3月唐义元离任后，选举王金贵（里勇村）任支部书记，当年8月，王金贵离任后由王贞祥接任支部书记。

书记：唐义元（上背略，苗，1959.2—1960.3）
　　　王金贵（里勇村，苗，1960.4—1960.8）
　　　王贞祥（排老黄土，水，1960.8—1961.8）

五、中共达地人民公社委员会（1961.9—1966.5）

1. 中共雷山县野蒙人民公社委员会（1963.1—2）

1961年4月，建立中共达地人民公社委员会，段启尧任书记。1961年8月，丹寨县的达地片区划归雷山县辖，11月14日雷山县委决定，达地人民公社委员会由11人组成，段启尧任书记，白玉清、王贞祥、唐义元任副书记。

1962年5月30日，县委对达地公社委员会人员进行调整，潘国龙任书记，白玉清任副书记。潘国龙离任后，潘治高任书记，潘治高调乔桑后，1963年1月29日，区委副书记龙效民兼任书记。2月27日李正国、杨云发任副书记，6月10日，县委决定达地公社党委由5人组成，龙效民任书记。

1966年5月，中共达地人民公社委员会由区委副书记龙效民兼任书记，李正国任副书记，1968年1月，公社党委被夺权。

书　　记：龙效民（苗，兼1966.5—1968.1）

副书记：李正国（苗，1966.5—1968.1）

1970年12月25日，建立中共达地人民公社革委核心领导小组，张文学任组长，李正国、欧昌举任副组长。

组　长：张文学（苗，1970.12—1972.3）
副组长：李正国（苗，1970.12—1971.5）
　　　　欧昌举（苗，1970.12—1972.3）

1976年10月，中共达地人民公社委员会由7人组成，白玉清任书记，李德章、唐义元、熊敏芬（女）任副书记。1980年8月21日，中共达地人民公社召开第四次代表大会选举白玉清为书记，唐义元、王满田为副书记。1980年11月，王光福任副书记，1984年4月，杨顺忠任副书记。1984年8月中共达地乡召开第五次代表大会，选举白玉清任书记，杨顺忠任副书记，驻地达勒（即现在政府所在地）。

书　记：段启尧（1961.1—1962.5）
　　　　潘国龙（苗，1962.5—1963.1）
　　　　潘治高（1963.1—1963.2）
　　　　龙效民（苗，1963.3—1969.5）
　　　　白玉清（苗，1976.10—1984.8，1984.8—10）
副书记：白玉清（苗，1961.9—1963.1）
　　　　王贞祥（水，1961.9—1962.1）
　　　　唐义元（苗，1963.2—1966.5，1976.10—1982.12）
　　　　李德章（苗，1976.10—1980.2）
　　　　熊敏芬（女，1976.10—1979.4）
　　　　王满田（水，1980.8—1982.3）
　　　　王光福（苗，1980.11—1984.4）
　　　　杨顺忠（侗，1984.4—10）

1963年1月29日，建立中共雷山县野蒙人民公社委员会，李正国任书记。1963年2月22日中共雷山县委决定撤销野蒙人民公社，并入达地人民公社。

书记：李正国（苗，1963.1—2）

六、中共达地镇委员会（1984.10—1992.3）

达地镇地处榕江、三都、丹寨、雷山四县接壤处。为加快山区民族经济、文化建设事业的发展，1984年10月，报经省委批准，撤销达地乡，建立达地镇（区级镇），由杨顺忠任书记，吴安兴任副书记。同年12月6—7日，中共达地镇第一次代表大会召开，选举6人组成委员会召开，杨顺忠任书记，吴安兴任副书记。1987年2月，白玉清任书记。1987年5月11—12日，中共达地镇第二次代表大会召开，白玉清等7人组成委员会，白玉清当选书记，吴安兴当选副书记。1990年3月25—28日，中共达地镇第三次代表大会召开，选举吴安兴等8人为委员会委员，吴安兴当选为书记，白玉清、王满田2人当选为副书记，镇委员会驻地达勒。

书记：杨顺忠（侗，1984.10—1987.2）

　　　白玉清（苗，1987.2—1990.3）

　　　吴安兴（苗，1990.3—1992.3）

第一书记：唐仁文（苗，1986.3—12）

副书记：吴安兴（苗，1984.10—1990.3）

　　　　白玉清（苗，1990.3—1992.3）

　　　　王满田（水，1990.3—1992.3）

七、中共达地水族乡委员会（1992.9—？）

根据贵州省人民政府黔府通（1992）22号《关于雷山县建镇并乡撤区行政规划方案》的批复，撤销达地镇建制，建立达地水族乡，乡政府驻地达勒（原镇政府所在地）。1992年9月8

日，中共达地镇委员会更名为中共达地水族乡委员会。李正良任书记，张应成、杨胜君任副书记。

第三节 乡党委办事机构

1992年，根据县党通字（1992）12号文件通知，建镇并乡撤区后，中共达地水族乡委员会设置：中共达地水族乡纪律检查委员会、中共达地水族乡委员会办公室、达地水族乡人民武装部、中国共产主义青年团达地水族乡委员会、达地水族乡妇女联合会等。

第四节 党代表大会

一、中共达地乡党代会

自1961年建立中共达地人民公社委员会至1984年建达地镇，中共达地公社委员会共召开五次党代表大会，其中前三次没有翔实记录。1980年8月21日，中共达地人民公社召开第四次代表大会，选举白玉清为书记，唐义元、王满田为副书记。1984年8月中共达地乡召开第五次代表大会，选举白玉清为书记，杨顺忠为副书记。

书　记：白玉清（苗，1980.8—1984.8，1984.8—10）
副书记：唐义元（苗，1980.8—1984.8）
　　　　王满田（水，1980.8—1984.8）
　　　　杨顺忠（侗，1984.8—10）

二、中共达地镇党代会

1984—1992年达地建镇期间,中共达地镇共召开三次代表大会。

(一)中共达地镇第一次代表大会

1984年10月6—7日召开中共达地镇第一次代表大会,会议选举6人组成中共达地镇第一届委员会,并选举杨顺忠为书记,吴安兴为副书记。1986年3月,县扶贫队唐仁文兼任第一书记,1987年2月,白玉清任书记。

书　记:杨顺忠(侗,1984.10—1987.1)
　　　　白玉清(苗,1987.2—1987.5)
副书记:唐仁文(苗,县扶贫队长兼,1987.10—1987.12)
　　　　吴安兴(苗,1984.10—1987.1)

(二)中共达地镇第二次代表大会

1987年5月11—12日,召开中共达地镇第二次代表大会,白玉清等7人为中共达地镇第二届委员会委员,并选举白玉清任书记,吴安兴任副书记。

书　记:白玉清(苗,1987.5—1990.3)
副书记:吴安兴(苗,1987.5—1990.3)

(三)中共达地镇第三次代表大会

1990年3月25—28日,召开中共达地镇第三次代表大会,选举吴安兴等8人为中共达地镇第三届委员会委员,吴安兴当选书记,白玉清、王满田当选副书记。

书　记:吴安兴(苗,1990.3—1992.3)
副书记:白玉清(苗,1990.3—1992.3)
　　　　王满田(水,1990.3—1992.3)

三、中共达地水族乡代表大会（1992.9— ）

1992年9月中共达地水族乡成立,至今共召开六届人大代表会议。

（一）中共达地水族乡第一届委员会（1992.4—1993.1）

1992年4月8—10日,召开中共达地水族乡第一次代表大会,会议选举李正良等8人为中共达地水族乡第一届委员会委员,李正良当选为书记,张应成、杨胜君当选副书记。

书　记：李正良（苗,1992.4—1993.1）

副书记：张应成（苗,1992.4—1993.1）

　　　　杨胜君（苗,1992.4—1993.1）

（二）中共雷山县达地水族乡第二届委员会（1993.1—1996.1）

1993年1月11—12日,召开中共达地水族乡第二次代表大会,会议选举李正良等8人组成中共达地水族乡第二届委员会委员,李正良当选为书记,王兴忠、张应成2人当选为副书记。1994年8月,州扶贫工作队吴方培任副书记（挂职）。1995年5月李正良离任,潘齐雄任书记。1995年9月王德祥任副书记。同年11月,潘齐雄离任,廖庭贵任书记。

书　记：李正良（苗 1993.1—1995.5）

　　　　潘齐雄（苗 1995.5—11）

　　　　廖庭贵（苗 1995.11—1996.1）

副书记：王兴忠（水 1993.1—1996.1）

　　　　张应成（苗 1993.1—1995.1）

　　　　吴方培（侗 1994.8—1996.1）

　　　　王德祥（苗 1995.9—1996.1）

（三）中共雷山县达地水族乡第三届委员会（1996.1—1999.1）

1996年1月14—15日，召开中共达地水族乡第三次代表大会，会议选举廖庭贵等7人为中共达地水族乡第三届委员会委员，廖庭贵当选为书记，王德祥、陆金和当选为副书记。1996年3月王兴忠任副书记。1996年10月，县扶贫工作队吴安兴任副书记（挂职）。1998年4月廖庭贵离任，张绍珂任书记。1998年11月，陆金和离任，刘平库、王光智、金春梅等3人任副书记。

书　记：廖庭贵（苗，1996.1—1998.4）
　　　　张绍珂（1998.4—1999.1）
副书记：王德祥（苗，1996.1—1998.11）
　　　　陆金和（水，1996.1—1998.11）
　　　　王兴忠（水，1996.3—1999.1）
　　　　吴安兴（苗，1996.10—1998.10）
　　　　吴方培（侗，1996.1—8）
　　　　刘平库（水，1998.11—1999.1）
　　　　王光智（苗，1998.11—1999.1）
　　　　金春梅（女、苗 1998.11—1999.1）

（四）中共雷山县达地水族乡第四届委员会（1999.1—2001.12）

1999年1月10—11日，召开中共达地水族乡第四次代表大会，会议选举张绍珂等7人为中共达地水族乡第四届委员会委员，张绍珂当选为书记，刘平库、王光智、金春梅当选为副书记。2001年11月，张绍珂离任，李剑任书记，潘承光、阚启明任副书记。

书　记：张绍珂（1999.1—2001.11）
　　　　李　剑（苗，2001.11—12）
副书记：刘平库（水，1999.1—2001.12）
　　　　王光智（苗，1999.1—2001.11）

金春梅（女，苗 1999.1—2001.1）

潘承光（水，2001.11—12）

阚启明（苗，2001.11—12）

（五）中共雷山县达地水族乡第五届委员会（2002.1—2006.8）

2002年1月7—8日，召开中共达地水族乡第五次代表大会，这次会议有党代表29人，会议选举李剑等5人为中共达地水族乡第五届委员会委员，李剑当选为书记，刘俊、潘承光、阚启明当选为副书记。2003年3月潘承光、阚启明离任，当月县委任命王康为副书记，4月任命李金平为副书记。

书　记：李剑（苗，2001.12—2006.8）

副书记：潘承光（水，2001.12—2003.3.）

　　　　阚启明（苗，2001.12—2003.3）

　　　　王康（苗，2003.3—2006.8）

　　　　李金平（苗，2003.4—2008.8）

（六）中共雷山县达地水族乡第六届委员会（2006.8—2011）

2006年8月20—21日，召开中共达地水族乡第六次代表大会，这次会议有党代表33人，会上选举刘俊等8人为中共达地水族乡第六届委员会委员，刘俊当选为书记，吴文学、王康当选为副书记。2009年3月刘俊调离，免去吴文学党委副书记职务，任命吴文学为乡党委书记。2007年8月，县委任命姚茂清为党委副书记，2007年10月余凯任党委副书记（挂职）。

书　记：刘俊（水，2006.8—2009.3）

　　　　吴文学（水，2009.3—　）

副书记：吴文学（水，2006.8—2009.3）

　　　　王康（苗，2006.8—2007.5）

　　　　姚茂清（2007.8—　）

　　　　余凯（苗，2007.10—　）

第五节 村党组织

1962年达地公社在有3名以上党员的村建立村党支部,每个村支部推选支部书记1名。农村党员人数逐渐增多,至2009年3月,中共达地水族乡党委辖14个党支部,其中,农村党支部10个;共有党员228名,其中预备党员20名。各支部及党员为村级经济发展、社会稳定起到了积极作用。

第六节 乡纪律检查委员会(1992.3—)

根据贵州省人民政府黔府通(1992)22号《关于雷山县建镇并乡撤区行政规划方案的批复》,撤销达地镇建制,改设达地乡(科级),建立中共达地水族乡纪律检查委员会。

一、中共达地水族乡第一届纪律检查委员会(1992.4—1993.1)

1992年4月8—10日,召开中共达地水族乡第一次代表大会,会议选举王满田等5人为中共达地水族乡第一届纪律检查委员会委员,王满田当选为纪委书记。

纪委书记:王满田(水,1992.4—1993.1)

二、中共达地水族乡第二届纪律检查委员会(1993.1—1996.1)

1993年1月11—12日,召开中共达地水族乡第二次代表大会,会议选举王满田为纪委书记。

纪委书记：王满田（水，1993.1—1996.1）

三、中共雷山县达地水族乡第三届纪律检查委员会（1996.1—1999.1）

1996年1月14—15日，召开中共达地水族乡第三次代表大会，在本次代表大会上，选举王满田等5人为中共达地水族乡第三届纪律检查委员会委员，王满田任纪委书记，1998年11月，王满田离任，张家祥任书记。

纪委书记：王满田（水，1996.1—1998.11）
　　　　　张家祥（1998.11—1999.1）

四、中共雷山县达地水族乡第四届纪律检查委员会（1999.1—2001.12）

1999年1月10—11日，召开中共达地水族乡第四次代表大会，在本次代表大会上，选举张家祥等5人为中共达地水族乡第四届纪委委员，张家祥当选为纪委书记。2001年11月，张家祥离任，王光智任书记。

纪委书记：张家祥（1999.1—2001.11）
　　　　　王光智（苗，2001.11—12）

五、中共雷山县达地水族乡第五届纪律检查委员会（2002.1—2006.8）

2002年1月7—8日，召开中共达地水族乡第五次代表大会，在本次代表大会上，选举王光智等5人为中共达地水族乡第五届纪委委员，王光智当选为纪委书记。

纪委书记：王光智（苗，2002.1—2006.8）

六、中共雷山县达地水族乡第六届纪律检查委员会（2006.8—2001）

2006年8月20日至21日，召开中共达地水族乡第六次代表大会，在本次代表大会上，选举王康等5人为中共达地水族乡第六届纪委委员，王康当选为纪委书记，杨顺周当选为纪委副书记。2007年5月王康离任，姚茂清任纪委书记。

纪委书记：王　康（2006.8—2007.5）
　　　　　姚茂清（2007.8—　）

第七节　党的基层组织建设与宣传教育

达地乡历届党委非常重视党的基层组织建设，严格党的各项制度。乡党委在县委的正确领导下，积极派优秀党员领导干部深入所辖区域各村支部指导开展党建工作，帮助各支部完善各项规章制度并上墙，配强配齐村级党组织领导班子，积极协助各村修建村委办公楼，解决村级办公场所。2008年乡党委按照县委部署，认真开展党的基础组织建设年活动，全乡200多名中共党员参加了该项活动。通过组织广大党员学习和开展"七个一工程"、"一户一技能"、"结对帮扶"等活动，提高了党员素质，解决了部分贫困党员群众生活困难。2000年以来，全乡每年培养入党积极分子40人左右，其中每年吸收入党积极分子加入党组织20余人，新党员增强了党的凝聚力、提高了党的战斗力，助推农村党建扶贫深入开展。

乡党委在加强党的组织建设的同时，加大党的宣传教育工作，严格"三会一课"制度。组织广大党员同志学习马克思主义、列宁主义、毛泽东思想，学习邓小平建设有中国特色社会主义理论，用邓小平建设有中国特色社会主义理论武装全体党员。组织学习《党章》、党的基本路线、方针、政策，用党的基本路线统一全体党员的思想和行动。全乡党员踊跃参加"保持共产党先进性"等活动,使党员在思想上、行动上与党中央保持高度一致。组织党员学习科学、文化和业务知识,自觉学习实践科学发展观,提高为人民服务的本领。通过宣传教育,提高党员素质和觉悟水平,使党的各项政策在农村顺利贯彻落实,夯实党的战斗基础。

第二章 人民政权

第一节 1949年前的地方政权

明清时期,为加强中央集权和对地方的管理,政府在少数民族地区设置土司,封随征官或地方恶霸为土司官。在土司官的统治下,达地水族人民深受压迫,每年除向封建王朝缴纳赋税外,同时还要给土司官无偿服繁重劳役及杂派。土司还在政治上残酷迫害人民,镇压农民起义。清朝雍正年间(1731年8月),建置都江厅通判,大力推行"改土归流"政策,清王朝调重兵强迫土司交出政权,土司失去统治基础。咸丰年间达地土司势力再次得到发展,先后有尹土司(小乌)和张土司(小乌),直至光绪年间被新兴的地主所取代,土司在达地的统治一去不复返。

民国三年(1932),都江厅改称都江县,达地隶属都江县。民国三十年(1941),三合县与都江县合并,改称三都县,达地隶属三都县。

第二节 乡人民委员会

一、丹寨苗族自治县达地乡人民委员会(1955.8—1956.9)

1955年8月召开第一届乡人民代表大会第三次会议,将丹寨县达地乡人民政府更名为丹寨苗族自治县达地乡人民委员会,选举第一届乡人民委员会领导成员。

  乡 长：王云清（水，1955.8—1956.9）
  副乡长：潘世君（水，1955.8—1956.9）

二、丹寨县达地乡人民委员会（1956.9—1957.3）

  1956年9月8日召开第二届乡人民代表大会第一次会议，选举第二届乡人民委员会领导成员。

  乡 长：王桢祥（水，1956.9—1957.3）
  副乡长：杨　林（水，1956.9—1957.3）

三、丹寨县达地水族乡人民委员会（1957.5—1958.12）

  1957年5月20日召开第二届乡人民代表大会第三次会议，将丹寨县达地乡水族自治区更名为丹寨县达地水族乡，选举水族乡人民委员会领导人。1958年4月10日召开第三届乡人民代表大会第一次会议，选举产生第三届水族乡人民委员会领导成员。

  乡 长：王桢祥（水，1957.5—1958.12）
  副乡长：杨　林（水，1957.5—1958.12）
      唐义元（苗，1958.4—12）
      唐吉武（苗，1958.4—12）
      杨胜毕（水，1958.4—12）
      杨彩（汉，女，兼妇联主任和秘书，1958.8—1959.3）

  1958年下半年，达地干部全部调去工厂，由李正国主持全面工作，并组织搬迁达地老街集市和乡政府到达勒的工作。

四、凯里县达地乡人民委员会（1959.1—1961.7）

  1959年1月，将丹寨县达地水族乡更名为凯里县达地乡。1960年11月召开第四届乡人民代表大会第一次会议，选举王金贵等13人组成第四届人民委员会。1961年8月,达地乡划归雷山县辖。

乡　　长：王桢祥（水,1959.1—1960.11）
　　　　　王金贵（苗,1960.11—1961.7）
副乡长：杨　林（水,1959.1—1960.11）
　　　　　唐义元（苗,1959.1—1960.3）
　　　　　唐吉武（苗,1959.1—1961.7）
　　　　　杨胜毕（水,1959.1—1960.11）
　　　　　杨　彩（汉,女,兼妇联主任和调解主任,1960.11—1963.7）

五、雷山县达地乡人民委员会、达地人民公社管理委员会(1961.8—1966.5)

1961年8月,恢复雷山县建制后,建立雷山县达地人民公社。同年11月23日召开第四届乡人民代表大会第二次会议,补选委员9人组成乡、社第四届委员会。1963年3月21日召开第五届人民代表大会第一次会议,选举王桢祥等13人组成第五届乡、社委员会。1965年11月15日,召开第六届人民代表大会第一次会议,选举杨胜君等15人组成第六届乡、社委员会,驻地在达勒河边。

社　　长：李正国（苗,1961.9—1962.5）
　　　　　王桢祥（水,1962.5—1963.1）
　　　　　王桢祥（水,1963.3—1965.5）
　　　　　杨胜君（苗,1965.5—1966.5）
副社长：唐吉武（苗,1961.9—1962.5）
　　　　　王金贵（苗,1961.9—1962.5）
　　　　　黄文斗（1961.9—1962.5）
　　　　　李正国（苗,1962.5—1963.1）

　　　　杨胜君（苗，1963.1—1965.5）
　　　　王金贵（苗，1963.1—3）
　　　　王光梅（女、苗，1963.3—1965.11）
　　副业副社长：金玉明（苗，1966.4—5）

六、人民公社管理委员会（1966.5—1968.1）

　　1966年5月—1968年1月，仍称乡人民委员会和人民公社管理委员会。杨胜君任社长，金玉明任副业副社长。1968年1月23日，乡、社委员会被"夺权"，驻地达勒。
　　社　　长：杨胜君（苗，1966.5—1968.1）
　　副社长：金玉明（苗，1966.5—1968.1）

七、中共达地人民公社委员会（1972.3—1976.3）

　　1972年3月28日，建立中共达地人民公社委员会，驻地达勒。
　　书　　记：张文学（苗，1972.3—1973.8）
　　　　　　　白玉清（苗，1973.8—1976.10）
　　副书记：白玉清（苗，1972.3—1973.8）
　　　　　　李德章（苗，1972.3—1976.10）
　　　　　　范述美（侗，1973.10—1976.2）
　　　　　　熊敏芬（女、苗 1975.7—1976.10）
　　　　　　唐义元（苗，1976.1—10）

八、达地人民公社管理委员会（1980.5—1984.8）

　　1980年4月28日召开达地人民公社第八届人民代表大会第一次会议。大会通过撤销达地人民公社革命委员会、建立达地人民公社管理委员会的决议。会议选举高国富、王满田、王满林、王光福、王桢祥、白显桃、欧昌举7人组成达地人民公社管理委员会。高国富当选为主任，王满林、王满田、王光福当选为副主任。1983年2月，王兴武任主任，驻地不变。

主　任：高国富（苗，1980.5——1983.2）
　　　　 王兴武（水，1983.2——1984.8）
副主任：王满田（水，1980.5——1984.8）
　　　　 王满林（水，1980.5——1984.8）
　　　　 王光福（苗，1980.5——1984.8）

第三节　乡革命委员会

"文化大革命"初期，基层政权组织仍称乡人民委员会和公社管理委员会。1966年12月15日，中共中央《关于农村无产阶级文化大革命的指示》发出以后，"文化大革命"开始在农村开展，公社管理委员会被迫停止工作，基层政权组织陷于瘫痪。1968年春，部分公社被"夺权"。1970年3月18日，县支"左"领导小组和县革命委员会决定，对各区、社革委会进行"补台"，调整了领导成员。

一、达地人民公社革命委员会（1968.1—1976.10）

1968年1月23日，经县革委、县人武部决定，成立达地人民公社革命委员会。时任武装部长的欧昌举任主任，龙效民任副主任。1969年4月，余金才、王满林任副主任。1970年3月21日，公社召开"补台"会议，常委会由5人组成，张文学任主任，欧昌举、李正国2人任副主任。1970年4月，唐义元任副主任。1973年2月，白玉清任主任，3月，李德章、高国富任副主任，10月，范述美任副主任，驻地达勒河边。

主　任：欧昌举（苗，1968.1—1969.4）

龙效民（苗，1969.4—1970.3）
张文学（苗，1970.4—1973.2）
白玉清（苗，1973.2—1976.10）
副主任：龙效民（苗，1968.1—1969.4）
欧昌举（苗，1969.4—1976.10）
余金才（苗，1969.4—5）
王满林（苗，1969.4—1976.10）
唐义元（苗，1970.4—1976.10）
李正国（苗，1970.4—1971.5）
李德章（苗，1972.3—1976，10）
高国富（苗，群众代表，1972.3—1976.10）
范述美（侗，1973.10—1976.2）

二、达地人民公社革命委员会（1976.10—1980.5）

1976年10月至1980年4月，仍称达地人民公社革命委员会，白玉清任主任，王满田、李德章任副主任。1980年2月，高国富任主任，驻地达勒河边。

主　　任：白玉清（苗，1976.10—1980.2）
　　　　　高国富（苗，1980.2—5）
副主任：王满田（水，1976.10—1980.5）
　　　　　李德章（苗，1976.10—1980.5）

第四节　乡　政　府

一、三都县达地乡人民政府（1950.10—1952.5）

1950年10月，建立三都县达地乡人民政府，辖六个行政村，乡人民政府驻达地老街。

乡　　长：江义召（1950.10—1951.4）
　　　　　邝子政（1951.4—1951.12）
　　　　　韦寿山（1952.1—1952.5）

二、丹寨县达地乡人民政府（1952.5－1953.4）

1952年5月，土地改革完成后，将三都县达地乡划归丹寨县辖。

乡　　长：邝子政（1952.5—1953.4）
副乡长：杨通美（1952.5—1953.4）

三、丹寨县达地乡人民政府（1953.4—1955.8）

1953年4月，在民主建政中，以原达地乡四、五、六村建立丹寨县达地乡。同年7月24日，召开第一届乡人民代表大会第一次会议，选举第一届乡人民政府领导人。

乡　　长：王云清（水，1953.4—1955.8）
副乡长：潘世君（水，1953.8—1955.8）
　　　　王桢祥（水，1953.8—1955.8）

四、达地乡人民政府（1984.8—1984.10）

1984年8月召开达地乡第九届人民代表大会第一次会议。大会通过撤销达地人民公社管理委员会、建立达地乡人民政府的决议。会议选举杨秀荣为乡长，王治发为副乡长。1984年10月22日撤乡建镇（区级镇），驻地不变。

乡　　长：杨秀荣（水，1984.8—10）
副乡长：王治发（水，1984.8—10）

五、达地水族乡人民政府（1992.4—　）

根据贵州省人民政府黔府通（1992）22号《关于雷山县建

镇并乡撤区行政规划方案》的批复，撤销达地镇建制，建立达地水族乡，驻地达勒（原镇政府所在地）。

（一）达地水族乡第一届人民政府（1992.4—1993.1）

1992年9月8日，达地镇人民政府更名为达地水族乡人民政府，王兴忠任水族乡第一任乡长。1992年4月14~16日，召开达地乡第一届人民代表大会第一次会议。会议选举产生乡长1人、副乡长1人。

　　乡　长：王兴忠（水，1992.4—1993.1）

　　副乡长：王发香（水，女，l992.4—1993，1）

（二）雷山县达地水族乡第二届人民政府（1993.1—1996.1）

1993年1月13~15日召开达地水族乡第二届人民代表大会第一次会议。会议选举产生副乡长2人。在本次会议上，未选举产生乡长，由副乡长李万明主持乡人民政府工作。1994年1月，在乡人大第二届第二次会议上，补选乡长1人。1995年1月，在乡人大第二届第三次会议上，增选杨小霖为副乡长（科技副乡长）。

　　乡　长：陆金和（水，1994.1—1996.1）

　　副乡长：李万明（苗，1993.1—1996.1）

　　　　　　吴碧君（瑶，l993.1—1996.1）

　　　　　　杨小霖（挂职，1995.1—1996.1）

（三）雷山县达地水族乡第三届人民政府（1996.1—1999.1）

1996年1月23—25日，达地水族乡召开第三届人民代表大会第一次会议。会议选举产生乡长1人、副乡长4人（其中1人挂职）。

　　乡　长：陆金和（水，1996.1—1998.11）

　　副乡长：王章本（汉，1996.1—1998.11）

　　　　　　杨琴（女，苗，1996.1—1998.11）

　　　　　　吴碧君（瑶，l996.1—1999.1）

杨小霖（挂职，1996.1—10）

（四）雷山县达地水族乡第四届人民政府（1999.1—2001.12）

1999年1月11—13日，达地水族乡召开第四届人民代表大会第一次会议。会议选举产生乡长1人，副乡长2人。2000年1月，乡人大主席团会议通过决议，免去王发先副乡长职务。2000年1月，在乡人大第四届第二次会议上，增选副乡长1人，科技副乡长1人。

乡　长：刘平库（水，1999.1—2001.12）
副乡长：胡植成（侗，1999.1—2001.11）
　　　　王发先（水，1999.1—12）
　　　　李福伟（苗，200 0.1—2001.12）
　　　　李振华（苗，挂职，2000.1—2001.11）

（五）雷山县达地水族乡第五届人民政府（2002.1—2006.10）

2002年1月9~10日，达地水族乡召开第五届人民代表大会第一次会议。会议选举产生副乡长4人。2003年3月26日，达地水族乡召开第五届人民代表大会第二次会议，会议选举刘俊为乡长，2006年6月刘俊乡长离任，当月达地水族乡召开第五次人民代表大会第六次会议，会议补选吴文学为乡长。

乡　长：刘平库（水，2001.12—2003.3）
　　　　刘俊（水，2003.3—2006.6）
　　　　吴文学（水，2006.6—10）
副乡长：潘承光（2002.1—2003.3 ）
　　　　李江华（2002.1—2005.1）
　　　　李恒林（2002.1—2006.10）
　　　　蒋明秋（2003.3—2006.10）

六、雷山县达地水族乡第六届人民政府（2006.10—2011）

2006年10月31~11月1日，达地水族乡召开第六届人民代表大会第一次会议。会议选举产生乡长1人、副乡长2人。

乡　　长：吴文学（水，2006.10—　）

副乡长：文薪润（苗，2006.10—　）

　　　　何永荣（苗，2006.10—　）

第五节　乡自治与镇政府

丹寨县达地乡水族自治区人民委员会（1957.3—1957.5）

1957年3月29日召开第二届乡人民代表大会第二次会议，到会代表30人，参加会议的有水、苗、瑶、汉等民族，会议决定成立丹寨县达地乡水族自治区，并选举产生自治区人民委员会领导成员。

乡　　长：王桢祥（水，1957.3—5）

副乡长：杨　林（水，1957.3—5）

1984年10月，报经省委批准，撤销达地乡，建立达地镇（区级镇），杨秀荣任第一届镇长，王满田、李正良分别任第二、第三任镇长。

镇　　长：杨秀荣（水，1984.10—1987.8）

　　　　王满田（水，1987.9—1990.3）

　　　　李正良（苗，1990.9—1992.8）

副镇长：王贵成（苗，1987.9—1990.8）

　　　　王光智（苗，1987.9—1990.8）

　　　　王治发（水，1990.9—1992.8）

第三章 人民代表大会

自1992年9月建立达地水族乡以来,共召开六届人民代表大会。

一、雷山县达地水族乡第一届人民代表大会(1992.4—1993.1)

1992年4月14—16日召开达地乡第一届人民代表大会第一次会议。会议选举产生人大主席团主席1人,乡长1人、副乡长1人。

人大主席团主席:余兴烈(苗,1992.4—1993.1)
乡　　　　长:王兴忠(水,1992.4—1993.1)

二、雷山县达地水族乡第二届人民代表大会(1993.1—1996.1)

1993年1月13日至15日召开达地水族乡第二届人民代表大会第一次会议,会议选举产生人大主席团主席1人。1994年1月,在乡人大二届二次会议上补选乡长1人。1995年5月,召开乡人大主席团会议,接受李正良辞去人大主席团主席职务的请求;同时任命王满田为人大副主席。

人大主席团主席:李正良(苗,1993.1—1995.5)
乡　　　　长:陆金和(水,1994.1—1996.1)
人 大 副 主 席:王满田(水,1995.5—1996.1)

三、雷山县达地水族乡第三届人民代表大会(1996.1—1999.1)

1996年1月23—25日,达地水族乡召开第三届人民代表大会第一次会议,会议选举产生人大主席团主席1人,乡长1人,副乡长4人。

人大主席团主席：王满田（水，1996.1—1999.1)
乡　　　　长：陆金和（水，1996.1—1998.11)

四、雷山县达地水族乡第四届人民代表大会（1999.1—2001.12)

1999年1月11—13日，达地水族乡召开第四届人民代表大会第一次会议，会议选举产生人大主席团主席1人，乡长1人，副乡长2人；2000年1月，乡人大主席团会议通过，免去王兴忠乡人大主席团主席职务。2000年1月，在乡人大第四届人代会第二次会议上，补选人大主席团主席1人。

人大主席团主席：王兴忠（水，1999.1—2000.1)
　　　　　　　张家祥（水，2000.1—2001.12)
乡　　　　长：刘平库（水，1999.1—2001.12)

五、雷山县达地水族乡第五届人民政府（2002.1—2006.10)

2002年1月9日至10日，达地水族乡召开第五届人民代表大会第一次会议。会议选举产生人大主席团主席1人，人大副主席1人。

人大主席团主席：张家祥（水，2001.12—2)
人　大　副　主　席：王光智（苗，2001.12—2006.10)

六、雷山县达地水族乡第六届人民政府（2006.10—　）

2006年10月31—11月1日，达地水族乡召开第六届人民代表大会第一次会议。会议选举产生人大主席团主席1人，乡长1人，副乡长2人。

人大主席团主席：王光智（苗，2006.10—　）
乡　　　　长：吴文学（水，2006.10—　）

第四章 群团组织

第一节 工　　会

达地乡政府1970年建立工会，工会会员每月缴纳五角钱的会员费，用于会员开展活动。但是工会工作没有专人负责，由乡人大主席团主席兼任，工会工作断断续续。

工会主席：王满田
　　　　　王满林
　　　　　王兴忠
　　　　　张家祥
　　　　　王光智

第二节 团　　委

1962年达地乡设立团委，唐义元兼任团委书记。"文化大革命"期间，团的工作中断，"文化大革命"结束后达地重新恢复团的工作。经过几十年的发展，至2009年年初，达地团员有120余名，团员主要为初中青年学生。

历任团委书记：唐义元
　　　　　　　唐　孟
　　　　　　　王发香

胡志杰
段仕勋
余丙章
王庭志
王佳敏

第三节 妇　　联

　　1960年达地乡设立妇联组织，开展妇女指导工作。由于没有配备妇联专职干部，由乡妇女干部兼任，妇联工作断断续续。

　　历任妇联主任：杨　彩
　　　　　　　　　熊敏芬
　　　　　　　　　唐永芬
　　　　　　　　　岑应淑
　　　　　　　　　王发香
　　　　　　　　　冉　琳
　　　　　　　　　王佳敏

# 第五章 民　　政

第一节　达地乡民政概况

　　达地水族乡民政办公室建立于1988年，当时王治发（排老村半坡组人）在职，1989年王光智、李正国两人在职，1995年李正国退休后王光智1人在职，1998年王德祥在职，2002年3月国家实行机构改革，何永荣在职，2005年李江华在职，2005年8月李建民在职，2007年4月冉琳在职，2007年11月王发香、刘安顺两人在职。1988—1992年民政主要工作职责是搞好平时的灾情调查、统计及救灾、救济物资的发放工作，1993—2006年，民政办公室主要工作职责是平时的灾情调查、统计及救灾、救济物质的发放、优抚和婚姻登记工作；2007年之后，随着国家惠民政策的增多，民政岗位增加了社会事务工作，民政的工作职责、业务范围有所拓宽，涉及村级换届选举、救灾、救济物资的发放、各种自然灾害的调查、统计，城低保、农低保、优抚工作、婚姻登记、代办残联工作、危房调查、危房改造工程、政务村务公开、孤寡残儿的调查统计以及各项专项资金的造册发放工作（转账一折通发放）等。

第二节 优 抚

优抚工作是一项特殊的社会保障工作。十一届三中全会后，在新的历史条件下，优抚工作主要是通过为部队综合服务，开展拥军优属活动（慰问、座谈），做好现役军人、革命伤残军人、在乡红军老战士、在乡复员退伍军人、参战民兵民工、革命烈士家属、因工牺牲军人家属、病故军人家属、现役军人家属的优待、抚恤工作。我乡在乡复员退伍老军人有：王文福、杨昌福、王安国、王玉章、王胜祥、罗康明、王玉林、尹志福、潘承均、任民才、杨胜龙、王兴平、王泽兴、刘胜高、刘胜前等十五位；烈属有：王老芝；病故家属韦老娜；带病回乡李启才；伤残军人王培先；在职伤残军人王光智、李金应；参战退役的有：刘文光；退伍回乡的有94人，自愿兵2人，服役4人。

第三节 救 济

山高坡陡，沟壑纵横，土质贫瘠，气候条件差异大，生产条件差，自然灾害频繁，是达地的乡情特点。因此，自然灾害后人民群众生活困难，农村、城镇的贫困户、丧失劳动能力的老、弱、病、残和无依无靠的孤寡老人、幼小孤儿等的社会救济工作显得非常突出。乡党委、政府把其纳入享受农低保、城低保家庭对象。2008年2月，我乡遭受历史罕见的雪凝灾害，大部分群众的房屋、庄稼等都遭到不同程度的损坏，据统计，房屋损坏134户226间，受灾群众573人。当年上级民政部门下拨救灾资金23.9795万元及棉衣265件、棉被309床、棉鞋30双、棉帽

48顶、菜油235千克、柴油2552升、粮食22940千克,帮助受灾群众渡过难关。

第四节 婚姻登记

婚姻登记工作是贯彻执行《婚姻法》的一项经常性的重要工作,它既是国家指导婚姻当事人正确履行婚姻登记法律程序的工作,又是关系千万个家庭夫妻和睦相处的大事。实行婚姻登记,是区别新旧婚姻制度的显著标志之一。旧中国历代王朝和民国时期都把婚姻看做是百姓的私事,不要求向政府机关登记。新中国成立后,人民政府把婚姻登记作"有关人民健康、家庭幸福、民族兴旺和国家建设的大事",要求结婚者向人民政府登记。

一、结婚登记

达地的婚姻登记工作从1993年开始,2009年5月婚姻登记权收归县民政局,乡镇不再办理婚姻登记。截至2008年12月,在达地民政办结婚登记的有925对。其中:

1993年结婚登记1对;1994年结婚登记7对;1995年结婚登记7对;1996年结婚登记5对;1997年结婚登记7对;1998年结婚登记7对;1999年结婚登记24对;2000年结婚登记50对;2001年结婚登记148对;2002年结婚登记72对;2003年结婚登记31对;2004年结婚登记24对;2005年结婚登记28对;2006年结婚登记30对;2007年结婚登记22对;2008年结婚登记15对;2009年上半年登记28对。

受封建思想影响,达地非法婚姻和早婚的现象比较普遍。大多数群众认为宴请亲戚、朋友、邻居来吃酒就是结婚。同时,受"早生儿子早享福"封建思想影响,或者为了增加劳动力,部分青年不到法定年龄就结婚，出现早婚早育现象。

二、离婚登记

当事人离婚，必须双方亲自到一方户口所在地的婚姻登记管理机关申请离婚登记；申请时，双方应当持户口簿、居民身份证、离婚协议书、结婚证、2张2寸单人近期半身免冠照片。婚姻登记管理机关通过"一看二问三查"来完成审查，经审查符合离婚条件的，在其填写《离婚登记审查处理表》后发放离婚证。经过宣传，达地近几年逐渐有人到民政所来登记离婚。

公安司法篇

第一章 公　　安

第一节　达地派出所概况

　　1973年达地公社设立社会治安机构，王光福、汪玉珍为达地公社公安员。1982年9月23日，根据县政府（82）113号文件精神，建立达地派出所。但是没有单独办公场所，一直在政府一个约30平方米的办公室内办公。直到1997年，县公安局出资4万元修建一栋三层木质结构办公楼，基本上能满足达地派出所办公和民警住宿需要。随着社会经济发展，原来的办公条件已经不能满足办公需要。2008年5月，该乡利用国债资金21万元，按照全县乡派出所办公楼统一样式修建了一栋270平方米砖混结构派出所办公楼。该办公楼2009年5月竣工交付使用，楼内安装摄像头等现代科技办公设备，办公条件更加完善。

第二节　达地派出所历任领导及工作人员情况

　　1973年达地公社公安员为王光福。
　　1982年9月23日，县政府（82）113号文件通知：建立达地派出所。达地派出所所长缺。
　　1984年8月，雷山县换届选举，高国富任达地派出所所长。
　　1987年4月，雷山县第十届人民代表大会进行换届选举，唐永祥任达地镇派出所所长。

1990年8月,雷山县召开第十一届人民代表大会,进行换届选举。公安领导班子更迭,唐永祥任达地镇派出所所长。

1992年,根据贵州省人民政府通(1992)22号、省公安厅黔公通(1992)193号、省公安厅《加强派出所和基础业务建设的五年规划》和雷山县人民政府雷府发(1992)25号、雷编字(1992)01号文件精神,建镇并乡撤区后,按一乡(镇)建一个派出所的原则,同步、延伸组建公安派出所。原雷山县公安局达地镇派出所更名为雷山县公安局达地水族乡派出所,设在达地水族乡人民政府所在地,辖达地居民委员会1人和高车、小乌、野蒙、乌空、乌达、背略、排老、达地、里勇、达勒等10个村民委员会。1951户8839人,其中男性4681人、女性4158人。属非农业人口127人。

派出所所长:唐永祥(副科级)

政治指导员:覃仁顶

1996年6月,为了进一步加强公安队伍的建设,雷山县公安局领导班子作了较大的调整。

派出所所长:唐永祥

副　所　长:汪炳辉

干　　警:熊国贤

2004年2月,达地水族乡派出所的领导及干警为:

派出所所长:唐海(副科级),男,苗族,中专文化,西江人;

民　　警:白扬名(科员级),男,苗族,中专文化,雷山人;

罗永社(科员级),男,苗族,中专文化,雷山人;

尹思继(办事员),男,苗族,大专文化,雷山人；

张有林（办事员），男，苗族，大专文化，雷山人。

2006年，达地水族乡派出所所长：唐海

副　所　长：尹思继

民　　　警：白扬名、王启辉

2007年10月，唐海所长调离达地，李宇同志任达地水族乡派出所所长。王启辉、白扬名仍然在任民警，同时聘请杨先标、王焕发、李航3名协警协助派出所做好社会治安管理工作。

派出所所长：李宇

民　　　警：白扬名　王启辉

治安联防员：杨先标

交　协　警：王焕发、李航

第三节　1962—2005年达地刑事治安概况

1962年6月15日，乔桑草坪大队发生一起捆绑仓库干部抢国家公粮事件。这次参加抢粮的有26户37人，抢走粮食1723公斤。州委、县委、公社党委组织联合调查组进行调查，发现当地确有一部分群众生活极度困难，加之个别不法分子乘机煽动，致使这次事件发生。为了解决群众的实际困难和防止类似事件再度发生，国家拨粮950公斤解决群众的生活困难，对煽动主要责任者李玉美、韦应章、王应彬分别依法处理。

1963年10月25日，县公安局组织工作组到达地公社调查，发现排老、野蒙、乌空、乌达等5个村普遍有聚众赌博行为，99人参加赌博，其中队干部18人（党支书2人，大队长2人，党员6人，治保主任2人，治安委员2人，小队长4人），群众81

人，赌头王焕德被依法逮捕。

1978年12月6—8日，榕江、雷山、丹寨、三都4县革委主任、公安局长、人武部长，八开、平永、永乐、排调、都江5个区，新华、宰勇、三江、达地、乔桑、排路、雅灰、复兴、羊福、乌不、甲雄、介敉、打鱼、上江、坝街等15个公社的负责人在都江召开铜马山联防会议，到会87人，黔南、黔东南州公安局和都匀军分区、凯里军分区负责人亲临会议指导。会议决定将本联防区定名为铜马山联防区，下设达地、古飞坡、介敉、塔石四个联防片，轮流值班，搞好联防工作。

1981年7月，县公安局组织4人工作组赴达地公社收容赌头、赌徒37人集中在公社办学习班24天，学习内容为《刑法》、《刑事诉讼法》、《治安处罚条例》和有关禁止赌博的文件。依法逮捕赌头1人，刹住了达地公社的赌博风。

1986年9月30日，在达地镇庞家寨破获"中国救民党"、"爱国救民军"反革命集团。抓获张必光（"代总统"）、骨干分子庞卫平（"军长、一号元帅"）、潘再能（"政委、二号元帅"）以及"外交部"、"联络部"、"文礼部"、"妇女部"等16个部和三个师头目31人，依法进行捕判、管制、训诫教育等处理。

1986年，雷山县按照上级指示和统一部署，连续开展"严打"三仗的第一、第二、第三仗和"反盗窃斗争"活动，成立了32人领导小组，共104人参加，有27人组成4个专门破案工作组，还组织了特种行业整顿等专项斗争工作组。局领导亲自带队，分赴丹江、西江、永乐、达地、乔桑、开屯、大塘、方祥、报德、公统等乡镇开展侦察破案和整顿社会治安的专项斗争，摧毁各种犯罪团伙13个217人。其中"中国救民党"反革命集团1个84人（本县48人，外县36人），赌博团伙1个91人，盗窃团伙7个29人，抢劫团伙1个3人，其他团伙3个10人，打击处理其他犯罪分子138名。

1988年7月11日，达地野蒙村岩门寨韦族邦被杀身亡。作案人王治富被判处死刑立即执行。

1989年8月30日，达地镇（逢场天）发生打架斗殴伤害致死命案，死者潘老肖（榕江县八开区兴华乡星月村人），伤者张仁开（三都县坝街乡中民村人）。作案人包括王会桥、王兴章、王兴志、王光星、韦小安等，判处死刑2人，死缓1人，无期1人，其余判处有期徒刑。

1991年4月29日，达地镇小乌村吴天友被杀身亡，作案人杨开云被依法捕判。

1997年6月20日晚，雷山县达地派出所协助榕江县公安局破获一起盗窃耕牛案件，三都县都江镇柳排村平立坤、平汉军、张易民三名犯罪嫌疑人盗窃榕江县三江乡脚车村唐永民家一头黄牛，价值1200元，被抓获后转交榕江县公安局处理。

1998年2月21日，达地水族自治乡小乌村脚屋组村民龙秀才（男，45岁）、王进云（女，47岁）夫妇在河边自家开办的小卖部被杀死。作案人林朝平已经依法判刑。

1998年6月16日，达地水族乡发生一起101人食物中毒事件。经调查，6月14日上午10时，永乐镇开屯村排教寨杨昌舟（男，32岁）、杨昌庭（男，29岁）二人将6月13日在永乐出售剩下的63斤猪肉运往达地出售，同车另一人（永乐镇草坪村人）提一瓶农药，途中农药瓶被踢破，农药洒在猪肉上，到达地后，杨昌舟、杨昌庭用水将猪肉洗刷，但洗不净。二人将猪肉在市场上出售给群众，当晚大部分食肉者中毒，到6月18日，中毒人数达101人。经卫生防疫部门鉴定：食用的猪肉中含有机磷农药。

1999年10月24日，达地水族乡乌空村因抢劫、强奸负案潜逃的潘承标到亲友家过瓜节（水族节日），接到群众举报后，派出所干警唐信宏、文绍祥、金玉林、朱建成等同志立即出击，着便装到野蒙村，抓获身带危险品的犯罪嫌疑人潘承标归案。

1999年11月5日,达地水族乡乌达村村民蒙正良家黄牛在"上乌牙"(地名)被杀死。县公安局刑侦队立即出警抓获犯罪嫌疑人潘再术(男,29岁,达地乡乌达村人,因抢夺公安干警枪支被送劳教三年,1999年2月20日解除劳教)。经审讯,潘交代称:因对蒙正良有仇,遂将蒙家牛杀死以泄愤。已依法处理。

1999年12月15日,达地水族乡高车大竹山寨发生一起凶杀案。县公安局刑侦大队立即组织警力赴现场进行勘查和调查。查明死者叫韦国玉(男,21岁,三都县羊福乡孔荣村人)。

2000年1月14日,县公安局作出《关于兑现1999年目标管理奖的决定》,一等奖丹江镇派出所、永乐镇派出所;二等奖望丰乡派出所、西江镇派出所、林业派出所;三等奖桃江乡派出所、大塘乡派出所、郎德镇派出所、方祥乡派出所、达地水族乡派出所、雷公山保护区派出所。

2000年3月5日,榕江县平永村龙崇江、杨光怀二人到达地水族乡赶场收香菇,走到背略村一公里处,被六个男子持火药枪、匕首暴力抢劫,抢走杨光怀现金5800元,龙崇江现金2834.7元。

2000年5月1日,刑侦大队一中队干警李新军和达地派出所干警文绍祥根据群众举报,前往河北省兴隆县兰旗营解救两名被拐卖的少女潘×(15岁,达地乡达勒村岩脚寨人)、王×(14岁,黄土寨人)回到达地与家人团聚,抓获拐卖犯罪嫌疑人王泽峰(男,28岁,达地黄土寨人)、张化高(男,30岁,高劳寨人)、石凤鲜(女,19岁,永乐镇柳乌村人),已依法处理。

2000年7月6日,县公安局刑侦大队和达地派出所查破一起纵火案。7月1日达地水族乡野蒙村潘广文牛棚被烧,三头耕牛被烧死,损失达3000余元。犯罪嫌疑人蒙老哥(女,47岁)被抓获。

2000年10月12日13时,达地水族乡排老村大山组村民王庭彪（男，35岁）怀疑其妻潘×（女，37岁）有外遇，发生口角，且在怨恨中拿一把刀朝潘身上砍32刀，致使潘受重伤，王庭彪被依法判刑。

2001年4月23日，达地水族乡达地村同鸟寨村民潘再雄到达地赶场卖一头黄牛。回家途中，被两个人尾随殴打倒地，抢走人民币1523元，犯罪嫌疑人潘安礼、潘紧林被依法刑事拘留。

2002年1月24日晚，达地水族乡乌空村潘成伟、王忠成、潘水佑在该乡野蒙村过苗年，酒后无事生非，用刀砍伤李真福（三都县羊福乡也荣村人，亦到野蒙村走亲过苗年），由此激起民愤，群众将潘水佑、王忠成抓获捆绑，并在混乱中将潘水佑、王忠成踢伤，当晚4时至5时，潘水佑、王忠成先后死亡。乌空村聚集300余人准备抬尸冲击野蒙村，经乡政府和工作组干部说服教育，死者家属将尸体火化，群众暂时疏散。29日7时许，死者潘水佑家属聚集50余人到野蒙村，不顾政府干部和公安人员的制止，哄抢村长余忠武家的猪3头牛2头。公安机关将寻衅滋事者潘成伟、故意伤害犯罪嫌疑人李增清依法处理。达地乡政府干部对群众进行思想教育后，事情得到了妥善处理。

2002年6月17日21时许，达地水族乡小乌村小乌桥发生一起抢劫案。乌达村村民王光烈（女，37岁）、王光兰（女，31岁）、王世梅（女，54岁）在赶场返家途中在小乌桥被三男子持刀抢走人民币121元。

2003年4月14日，达地水族乡政府宿舍楼发生一起火灾，受灾6户17人，烧毁电视机一台、VCD一台、DVD一台、冰柜一台、衣服和生活用品等物，损失折合人民币达52000元。

2004年3月5日凌晨2时，达地水族乡背略村个体驾驶员袁仁勇驾驶一辆尚未年检的号牌为DDA2815CD厢式大货车，行至炉榕公线113公里600米处时，车辆冲出路外，造成车上5人当场死亡，1人送往医院抢救无效死亡。

2005年4月1日,乡政府干部深入乌空村测量通村公路时,在该村境内一废弃矿洞水塘里发现一具用麻袋包装的无头女尸,由于发现较晚,尸体已经全部腐烂,无法辨认,只有一颗假牙、手镯、梳子等。接到报案后,县公安局、乡派出所高度重视,立即组成专案组侦破。历时几年,辗转周边几十个县调查,仍然没有查到受害者身份,案件至2009年仍未侦破,本案为达地最大的刑事悬案。

第四节 惩治反革命和邪教

一、粉碎以张必光为首的"救民党"反革命集团

1986年1月16日,雷山县达地水族乡达勒村庞家寨群众举报称:发现张必光(丹寨县排路人)常到庞家寨纠集庞卫平等人在庞彦明家秘密集会,有组织反党反革命集团活动嫌疑。

雷山县公安局收到群众举报后,立即组织破案工作组。由政保科科长杨光星、副科长余凤良、派出所所长唐永祥等同志组成侦破组,开展调查和侦察工作。在侦察中,发现案件涉及丹寨、榕江、黔南州的三都水族自治县等县人员,面广人多,两州四县公安机关立即抽调干警,组织联合侦破工作组,在贵州省公安厅的直接领导指挥下,一举打掉该反革命团伙,经过8个多月的调查和侦察工作,案件得以查清。

这起案件涉及以张必光为首的"中国救民党军"和"爱国救民军"反动组织。该组织是有领导、有目的、有名称的反革命集团。涉及人员84人(属雷山县48人,丹寨、榕江、三都等三县36人),司令部设在达地达勒村庞家组,下设财政、妇女、文化、军令、外交、青年等16个部。军队编为三个师,师长以上骨干分子31名。张必光自称"代总统",其女友王×称为"正宫

娘娘"，庞卫平任"军长"为"一号元帅"，潘再能任"军政委"为"二号元帅"。张、庞等人集中骨干分子在乔王庙上抽签，喝生鸡血酒发誓反共反人民，在"中国救民党"活动的地区，责令农民向"中国救民党"上交公粮，并决定在农历9月11日（公元1996年10月14日）召开"全军会议"，宣布起义，计划首先炸毁唯一通往达地的公路桥——塔石大桥，占领达地镇政府，切断达地镇政府支援线，以达地为阵地进攻雷山、榕江县城，扩大反革命战线。

　　案件基本被查清后，为了把敌人消灭在预谋阶段，保卫"三秋"工作的顺利进行，保障国庆节的安全，在贵州省公安厅的直接领导下，黔东南、黔南两州和雷山、榕江、丹寨、三都等县公安局抽调干警和武警，于9月30日奔赴达地水族自治乡庞家寨"中国救民党"的老窝，当时"救民党"骨干分子正在"救民党""司令部"庞彦明家集会。公安干警、武警行动迅速，一举抓获"中国救民党""代总统"张必光，"财政部长"庞彦明、"军长一号元帅"庞卫平、"联络部长"龙远茂（榕江人）、"文礼部长"李光信，"军令部长"庞卫军等骨干分子。追捕队又迅速奔向榕江县塔石乡乌别村抓获"军政委、二号元帅"潘再能后，在永乐抓获"外交部长"傅启明，"师长"向志忠、李德富等人。10月2日榕江县公安局干警奔向塔石乡苏家村摧毁"中国救民党"的"第三师"。"中国救民党"、"爱国救民军"全被我公安机关摧毁。

　　破案后，缴获"中国救民党"符号11个，"党政书"54份，"入党申请书"57份，"党费证"收据167份，每人交纳的党费为1.8元，"中国救民党"和"爱国救民军"的各种印章30枚，"中国救民党""党旗"一面（三星望月旗），"万众旗"1面，"中国救民党""国歌"、"党歌"3份，标语28张，"通行证"4份，各种"通知"10份，"会议报告、指示"等51份，"代总统"张必光"就职"讲演稿2份，各种"规章制度"15份，台湾空飘传单4张，迷信书18本，奖状3张，假手枪2支，宝剑1把，匕首2把，子弹9发，雷管7个，毛巾3张，银元6块，"中国救民党"成员名册1份（登记名单84人），空白"党费证"收据39张，登记本5本，旧币8张。

案件审理结束后，对"中国救民党首脑"张必光（"代总统"）、骨干分子庞卫平（"军长、一号元帅"）、潘再能（"政委、二号元帅"）、傅启明（"外交部长"）、向志忠（"师长"）等依法惩处，其余成员训诫教育。

通过粉碎反革命集团，揭露"救民党"的阴谋活动，教育了人民群众，保卫了"三秋"生产的顺利进行，保证了国庆节的安全，从此，没有在雷山地区发现"救民党"。

二、摧毁"三星党"反革命集团

1996年，原"中国救民党"骨干分子张必光刑满释放后，仍不改悔，在达地水族乡又组织"三星党"反革命集团。1996年11月16日，公安机关在其预谋阶段破案，保证了社会安全。

三、摧毁"门徒会"邪教组织

"门徒会"邪教组织于1997年年初在我县境内边远地区进行活动。雷山县公安局政保部门组织专门工作组开展调查，经过一年时间的调查取证，调查工作于1999年基本结束。

达地水族乡参加邪教人员35人。主要分布在高车、小乌、里勇、乌达等村。

全县共有参加"门徒会"邪教组织的449人，骨干分子17人，涉及6个乡（镇）45个行政村64个村民组。邪教组织聚会点有13个，利用封建迷信造谣惑众煽动群众与政府对抗。

调查研究，发动群众，获取证据，摸清邪教组织后，于1999年8月8日，在雷山县城关召开"禁邪专项斗争大会"。在这个大会上，雷山县公安局宣布将石全开、王金吉、白凤香、王德新、王德高、韦秀成、王德科、李志银等 11 名参与骨干劳动教养。给予 20 人治安处罚，其中：罚款 17 人，警告 3 人。责令写悔过书 195 人，收缴邪教书 23 册，取缔了"门徒会"邪教组织。

四、查禁赌博

（一）1963 年 6 月 25 日和 26 日，边远的达地公社乌空、排老两村发生赌博两起，乌空村以王焕发为首共 7 人，排老村以王某其为首共 6 人，聚众赌博，赌风越赌越盛。

1963 年 9 月以来，达地公社的排老、野蒙、乌空、乌达等村赌博现象严重，有的地方发展为赌博集团，赌博方式主要是"盖子宝"。据调查统计，这五个村参与赌博的人员有 99 人，其中生产队干部 18 人（党支书 2 人，生产大队长 2 人，中共党员 6 人，治保主任 2 人，治保委员 2 人，生产队长 2 人），社员群众 83 人。据赌棍王×交代：自 1961 年以来，参加赌博达 34 次，赢人民币 1300 元，粮票 160 斤，大洋 20 块，还有银首饰、衣服等物；潘×交代：自 1961 年以来参赌 30 次，赢人民币 1900 元，大洋 30 块，银毫 50 个，大米 50 斤，布票 8 丈以及毛巾等物。榕江、三都、丹寨等县与达地交界地区也有人参赌，因赌博引起家庭纠纷 34 起，严重影响社会治安。

县委指示要严厉打击首要分子，县公安局报请县人民检察院批准，依法逮捕赌头王焕德，将赌棍潘再帮等交给群众监督改造，对其他参赌人员进行教育处理，赌博风得到了遏止。

（二）1981 年以来，达地赌风又盛行起来。乌空村 15 岁以上的男女青年就有 80% 的人参赌，有的卖耕牛、谷子甚至青苗，造成家庭破产，影响生产生活，扰乱社会治安。县公安局组织工作组赴边远的达地公社进行调查和整顿，集中经常参赌的赌棍

37人办学习班，学习24天。学习内容主要是我国《刑法》、《刑事诉讼法》、《治安管理处罚条例》和上级有关禁赌的文件规定。参赌人员通过学习，痛改前非，写了保证书111份，揭发参赌人员105人。通过整顿，依法逮捕赌头1人，其他人员作批评教育处理，达地地区的赌博风基本得到控制。

第二章 司法所

第一节 达地司法所概况

　　达地乡司法所内设编制1人，职务为所长或司法助理员，从事法制宣传、依法治理、刑释帮教和基层司法行政工作，兼职法律服务和法律援助工作。达地水族乡司法所成立于1984年，前身叫达地乡司法办公室，1984—1985年8月无人办公，1985年10月张培军第一个到乡司法办公室工作，任司法助理员到1988年8月。第二任是王勇，从1988年8月上任到1996年，期间的1992年撤镇建乡后设司法所，王勇先后任司法助理员和所长。1995年成立达地水族乡法律服务所，同年乌达村也成立乌达村法律服务分所，杨秀标任法律分所主任，乌达村分所1997年撤销。达地乡司法所第三任所长冷学周，1996—2001年年底在任。2002—2005年年初达地司法所无人办公。第四任所长为杨顺周，2005年3月到司法所工作至今。

　　达地乡司法所过去一直与政府在一起办公，2006年6月投资6.5万元在古瓢街修建一栋司法所办公楼。至此司法所有了自己的办公场所，并且配置了电脑和摩托车，办公设备得到了进一步改善。

第二节 达地司法所工作情况

达地司法办公室成立以来,工作中心主要是普法、依法治理地方及司法行政,积极开展矛盾纠纷排查调处工作,同时开展刑释帮教、法律服务、法律援助、法律咨询等工作。特别在改革开放后,农村矛盾纠纷不断增多,群众之间利益冲突凸现,司法所在调解民间矛盾纠纷、维护农村稳定方面做了大量工作。

一、普法

1985年11月5日,党中央、国务院批转了《中共中央宣传部、司法部关于向全体公民基本普及法律常识的五年规划》,拉开了我国全民普法的序幕。此后的每一年,达地司法所都对国家新颁布的法律和农村常用法律进行专栏宣传或传单宣传,使达地乡广大村民的法律知识有所增加,法律意识有了很大提高。自2005年以后到2009年上半年,达地没有发生重大刑事和治安案件,是普法带来的积极效果。

二、刑释帮教

刑释帮教工作:近10年来司法所积极开展帮教工作,帮教33人,主要采取"4帮1"的帮教措施,即1名刑释对象要有1名干警、1名包村干部、1名村干部和1名寨老或党员共同帮教。因为帮教得当,10年来无一名刑释对象重新违法犯罪。

三、法律服务

杨秀标在乌达村法律服务所工作期间,因持有法律服务工作者证,加上积极工作,做了大量的法律服务。后因法律服务证没有年审被取消，法律服务逐年减少。2007年杨顺周取得法律服务证后，此项工作才得以正常开展。2007年办理了3件，2008办理了4件相关业务。

四、法律援助

自2006年国家实施法律援助以来，司法所积极响应，调解民间纠纷基本上没有收取群众的调解费，经常为群众提供打印、复印等服务。2007年多次上雷山为背略村龙塘组公路纠纷提供援助。2006—2008年共援助群众非诉讼调解17起；诉讼援助4起。

五、民事调解

调解，作为化解矛盾纠纷的重要手段，具有独特的优势。达地乡自成立乡人民政府以来，历届政府都组建乡调解委员会和村级调解委员会，并建立了一整套有效的调解人民内部矛盾与纷争的机制。村级调解主任一般在村两委选举中产生，有的由村两委主要负责人兼职；乡调解委员会主任主要由乡党委副书记或副乡长任组长，综治办、司法所等部门负责。自司法所成立以来，过去的以事论事调解逐步转向依法调解。2000—2008年调解民事案件101起，其中婚姻纠纷30起，山林纠纷35起，其他案件36起。

2000—2008年调解情况表

年度	调解数	其中			
		婚姻家庭	赔偿	山林田土	其他
2000	11	4	2	4	1
2001	9	3	2	2	2
2002	8	2	1	2	3

续表

年度	调解数	其中			
		婚姻家庭	赔偿	山林田土	其他
2003	13	4	3	5	1
2004	10	3	1	4	2
2005	12	4	3	3	2
2006	11	3	2	5	1
2007	13	3	3	5	2
2008	14	4	2	5	3

第三节 达地法庭

1985年建立达地法庭，属永乐庭监管，常驻达地的有张茂贤、李正良。1990年左右撤销达地法庭，1992年恢复达地法庭，王治发任庭长，书记员为王俊、吴安兴。1996年达地法庭修建一栋两层三间木质结构办公楼，2000年又将达地法庭并到永乐，王治发、吴安兴到永乐法庭工作。达地民事纠纷案件直接到永乐法庭办理，达地法庭办公楼卖给达地政府使用。

武 装 篇

第一章 地方武装

第一节 清朝地方武装

清咸丰年间，在余老科（余王爷）、唐协理（唐王爷）的率领下，在大坪山上建营筑垒，封官点将。以王老里为军师，潘老帽为元帅，陆天福、潘老稳等为将军，王文科为联络官，聚众1万余人，称"太平军后备队"（史称"斋教军"），四处攻略，一度占领古州（今榕江）的陇头寨、平永、八开、下江（今从江）、都江（今三都）等地。

同治七年（1868），大坪山黄号军（斋教军）首领余老科因部卒泄露军机，叛将闻国兴率部乘隙而入，大坪山被攻破。

第二节 "民国"地方武装

"民国"三十二年（1943）九月，曾经参加"黔东事变"的韦洪彬回到达地一带，成立以韦洪彬为首领的反国民党军，在乌空乔撒唱歌坪召集群众"议榔"，组织农民300余人"抗兵、抗粮、抗款"。后被三都、丹寨两县保警队清剿，韦洪彬败逃后被抓回，在独山被杀害。

第三节 人民武装

　　1961年10月，根据中共中央《关于人民公社配备专职人民武装干部的规定》，达地公社建立了人民武装部，由地方干部担任部长或副部长，负责辖区内兵员征集和民兵组建、训练、教育工作。

　　1963年5月，雷山县设防空防暴指挥部，办公室设在公安局。指挥长杨昌伦，副指挥长朱明、张天新，确定达地为四地区"三防"（防空投、防空降、防暴乱）重点区域之一。1964年5月4日，"三防"组织调整，补充指挥部人员，增设基层组织，调整后，杨昌伦任指挥长，朱明、杨敬、郑学忠任副指挥长，重点设防中，达地配步枪5支，火药枪21支。1965年5月，"三防"指挥部改为"反空投指挥部"，1967年11月，建立战备支前办公室，1973年4月，改为人防战备办公室。

　　1984年6月15日，根据中共中央组织部、国家民政部、劳动人事部和中国人民解放军总参谋部、总政治部的联合通知，废除人民公社体制后，原来的人民公社武装部一律改称"乡、镇人民武装部"。它既是乡（镇）党委的军事部，又是乡（镇）人民政府的兵役工作机构，在上级军事部门的领导下，承办民兵、预备役、征兵和战时动员工作，担负战备和治安勤务，组织民兵参军参战，支援前方，保卫后方。

　　达地历届武装部部长：欧昌举（苗，1959.1—1976.1）
　　　　　　　　　　　　王满林（水，1976.1—1979.6）
　　　　　　　　　　　　唐永祥（苗，1979.6—1994.6）
　　　　　　　　　　　　张加福（苗，1994.7—1998.7）
　　　　　　　　　　　　韦胜武（水，1998.8—2006.6）
　　　　　　　　　　　　李金平（苗，2006.7—2009.2）
　　　　　　　　　　　　杨再友（水，2009.3—　　　）

第二章 军事设施

第一节 营 屯

咸丰五年（1855），余老科（榕江县桥来摆猫断颈龙人）、唐协里（丹寨排调人）等领导苗民反清抗暴，称"太平军后备队"，扎营大坪山，升"帅字旗"，住有 9000 余户，屯兵 8 千余人，曾出兵攻战古州（榕江）、下江（从江）、三都等地。同治七年（1868 年），闻国兴（"小播五"）叛变投敌，引狼入室，内部也发生矛盾，指挥不灵，清军乘夜偷袭，大坪山被攻破。今城墙、哨卡、宅基尚存，房屋建筑已毁。

第二节 关 隘

达地乡内四面环山，其中大坪山、桐油坳、冷坳、夺鸟坳为乡内关隘，海拔高峻，凭险可守，立足山巅可凭高望远，俯查险情。

大坪山海拔 1474.8 米，森林茂密，高山环列，地势险要。据《贵州通志》载："八宝山与大坪山相连如屏，三面绝壁，唯南稍平，鸟道羊肠，人迹罕至。"岭巅呈槽形，东西长约 5000 米，南北宽 500 米，中有一小溪自北向南流，最高处有三角架，海拔 1471 米。有用青石垒砌的城墙，高五六米不等，周长约 2

万至2.5万米。分设东、南、西、北四个路口，各有哨卡。在东路口五里桥处，竖有大青石碑2块，城内有余王爷、唐王爷行馆，有"国厅宫"、"观音庙"和练兵场。

第三节 碉堡壕堑

为了抵御清兵和国民党反动派的攻击，当地群众自行在寨子周围用石料砌成壕堑，虽时过境迁，明清、民国时期的房屋现已不复存在，但壕堑却依稀可见，尤其在大坪山、岩门寨子等地最为明显。

第三章 民　　兵

第一节　民兵建设

　　1955年,中华人民共和国第一届全国人民代表大会第二次会议颁布《中华人民共和国兵役法》(以下简称《兵役法》)后,国家开始实行义务兵役制。《兵役法》规定:"凡年满18周岁的男性公民,都有服兵役的义务,并定期征集。"

　　1961—1962年,遵照中央军委的指示,民兵工作要做到"组织落实、政治落实、军事落实",达地乡纠正民兵工作中的形式主义倾向,达地乡每年选拔16—45岁政治纯洁、身体健康的男性编为基干民兵。1981年进行民兵体制改革,缩小民兵组建范围,减少数量,提高质量,基干民兵年龄改为18—25周岁。所选的民兵均送县人民武装部进行统一训练。截止到2009年,达地共送民兵289名。

第二节　训　　练

　　在民兵的教育训练中始终贯彻军事政治并重的方针。1958年县召开民兵政治工作会议,明确提出要在民兵组织中开展"政治思想好,学习文化好,生产劳动好,执行'三大任务'好和组织纪律好"的"五好教育活动"。

1972年在民兵组织中陆续建立政治夜校，辅导民兵学习时事政治、文化和农业科技知识，全乡民兵政治夜校有3个班，参加学习的民兵人数占民兵总人数的60％。

第三节 活　　动

乡内民兵服从县军事部门安排部署，除预备参军参战外，还参治参建。1956年1月炉（山）雷（山）公路动工，民兵参加筑路工程，由于雷山坡陡路窄，运输不便，依靠民兵的肩挑背扛，完成了公路运输建设所需物资及粮食蔬菜的运输任务。1970年9月，根据贵州省革命委员会决定，贵州军区下达了"动员全省民兵参加修建湘黔铁路会战"的命令，县人民武装部奉命组建雷山县民兵团参加湘黔铁路会战。在湘黔铁路建设中，民兵团还组织民兵进行助民生产劳动，为驻地生产队开田8.5亩，开荒土49.7亩，植树造林30329株。此外，还支援驻地生产队抢种抢收工作。

民兵团还先后参加八一水库、翁养水库、雷公坪大沟、雷山至毛坪、雷山至望丰、雷山至大沟、永乐两岔河至柳乌、卡文坳至排告、塔石至达地、雷山至方祥、雷山至高岩、郎德至报德、鸡勇塘至乌江、毛坪至大湾、雷公山电视台专用公路、响水岩电站等县内水利工程、公路工程的建设。进入21世纪后的六年中，170公里通村公路的修筑，无不留下县民兵团及我乡民兵的足迹。

第四章 重大兵事

第一节 余王爷反清斗争

一、余王爷简介

余王爷原名余正举,乳名叫余老科,榕江县三江乡摆猫人,自幼家境贫寒,有兄弟三人,排行老三,幼时曾许下诺言,不与兄长分田地,要靠自己的本事来生活。16岁时,他挑了家中喂养的一匹母马,整天训练那匹马,直至那匹马跑时飞一般快,并且他骑在马背上用快刀能将立在两旁的稻草一刀割断。

在清政府的统治下,人民生活在水深火热之中,余王爷看在眼里,恨在心上,于是招兵买马,组织附近村民在现榕江县三江乡分从村聚众起义,号称洪秀权的后备军,考虑到分从村所处地理位置低下,易攻难守,选定今大坪山作为起义地点,同时做了大量的反清宣传工作。他的义举得到周围群众的积极拥护,反清队伍逐日壮大。他的反清行动得到洪秀权的支持,给他送来了20多门大炮。余王爷的反清暴动持续13年之久,最后因内部泄密而失败。至今他的反清遗迹在大坪山上仍依稀可辨,其家族在榕江县三江乡摆猫村仍后继有人。

二、大坪山聚众反清

清咸丰五年(1855),古州(今榕江)、八寨(今丹寨)、都江等州厅所辖之达地、宰勇、上江、平永、桥来、排调一带的苗、侗、水、瑶等少数民族群众，在余老科（正纪）、唐协理的率领下，在大坪山上建营筑垒，封官点将。以王老里为军师，潘老帽为元帅，陆天福、潘老稳等为将军，王文科为联络官，聚众一万余人，称"太平军后备队"，四处攻略，一度占领古州的陇头寨，以及平永、八开、下江（今从江）、都江等地。

咸丰六年（1856）五月，余老科袭占永从县城，代理知县小赓、守备段兆锡逃遁。同治二年（1863）十二月，余老科、罗光明攻占古州（今榕江）诸营，游击穆双有、都司范国玺败走麻高洞。同治三年（1864）九月，余老科、罗光明联络太平军李文彩部攻陇头寨，古州镇总兵刘元勋、定旦游击穆芝茂、穆双有退守王岭。张亮基奏请三省会剿。同年十二月，余老科率部于都江汛、八开汛、高阳、高孖、平宁、坝街诸塘卡阻截清军，清将田宗起由都江汛南渡，沿途破卡前进，余老科、柳天成率斋教军驻屯于上江城内。

同治七年（1868），湘军入黔，大坪山形势日益恶化。义军叛将闻国兴（"小播五"）在开屯、岩寨、乌洛、八宝山一带作反面工作。清将邓有德、李德贵率清兵登高而进。古州镇总兵张文德、黎平营、副将张喜元、徐定邦、杨佑春、戴荣宗驻古州城待命围攻，余老科等四面受敌，且内部有奸细勾结闻国兴，于夜间从水洞中攻人，城破。义军伤亡甚多，后将尸首合葬一大坑，称"万人坟"。此次反清抗暴斗争前后持续了13年之久。

第二节　韦洪彬反国民党反动派斗争

一、韦洪彬简介

韦洪彬1908年生，水族，达地野蒙村岩门寨组人，自耕农家庭。他侠义好客，尤喜扶危济困，打抱不平，当时在乡里有一定的威望和号召力。

二、攻打保安团

"民国"三十二年（1943）九月，水族农民韦洪彬等因政府当局强征大包军米，强迫民工长途挑运，当年又发生荒灾，百姓生活困苦，无粮可交，于是在乌空的桥撒组屋背唱歌坪以"议榔"形式召开有羊福、千家寨、甲雄（现属三都县）、乔桑、草坪、达地、上马路、乌空等十余寨的苗、瑶、水、汉族群众500余人参加的会议，宣布抗粮。会上宣布："抗兵抗粮；不准投降国民党；战时百姓要抗土枪、马刀、钢叉、勾刀出击。"不久，又在三都千家寨召开第二次会议，杀牛一头，重申前议。并推选韦洪彬为大队长，韦占标（水族）、潘正章（水族）为中队长；下分三个中队，以王治勋（水族）、钟占标（侗族）任分队长；潘正朝（水族）为文书。有兵员300余人。有赤水造和汉阳造步枪30多支。采取战时集中打仗，平时回家生产的办法，与区、乡公所对抗。军粮开仓动用积谷，不够向大户征借。

韦洪彬领头抗粮抗役的消息传出后，惊动了三都县政府。驻扎在上江（今都江）的保警队立即出动，袭击甲早（属三都甲雄乡）。韦占标指挥队伍阻击，保警队大败。当时乔桑驻有一个保警分队，一日夜晚，韦洪彬带兵到保警驻地埋伏，派二人挑谷糠到驻地叫门请收军粮，乘睡眼惺忪的保警兵开门时，伏兵立即开枪射击，分队长黎队长当场毙命，是役击毙保警队兵13名，生俘6名，缴获轻机枪一挺，步枪十余支。继而有排老、排兄、乌空屋背、空勒、野蒙、雅灰、岩门寨等大小战斗，都是与保警队搜缴中的遭遇战。由于兵民结合，战时为兵，平时为民，打的是麻雀战，惹得保警队兽性大发，找老百姓报复，烧毁乌空、野蒙、大竹山、排老、岩门寨、也辽和新寨大小村庄，百姓无家可归，非常凄惨。

"民国"三十三年（1944）六月,贵州省政府派保安团会同丹寨县保警队500余人,分进合击。韦洪彬率队百余人埋伏于高车夺鸟坳口（海拔1225米）,与敌激战了三天三夜,终因弹尽粮绝,韦部失利。韦洪彬躲于永乐乡排告山中,后被永乐乡长王×诱捕,押送独山杀害。副大队长韦占标也为甲雄乡长杨某某所诱杀。

经济综合篇

第一章 经济概述

"民国"以前达地是自给自足的封建经济,以农业为主,兼有少量的手工业。农业产值占工农业总产值的比重为98%。人均粮食产量不足180公斤,经济社会发展比较缓慢,人民群众生活非常贫困。

新中国成立60年来,达地乡国民经济仍以农业为主,工农业产值的比重逐步发生变化,工业产值比例逐渐升高,农业产值比例下降。1953年农业产值占工农业总产值的比重为96%,到2008年,农业产值占工农业总产值的比重下降到69%。2008年全乡社会总产值达5260万元,人均产粮335公斤,人均纯收入1600元。

第二章 经济体制

第一节 封建土地所有制

　　达地历史上为自给自足的小农经济社会,自垦自耕,村寨拥有很大的主权。民国初期开始有部分富人购置田产,继而出现土地出租。土改前全乡98%的土地属私有,其中地主、富农和半地主或富农人口占11%,占有土地40%;中农、富裕中农和小土地出租者人口占42%,占有土地49%;贫农、雇农和佃农人口占45%,占有土地10%,小手艺者、小商贩等人口占2%,占有土地0.8%,0.2%的土地为公祠庙等用地。

第二节 土 地 改 革

　　1950年三都县解放,经过安定社会、稳定秩序、清剿匪、恢复生产等工作,1951年三都县委召开以贫农为主、吸收中农参加的农民代表会议,宣传贯彻《中华人民共和国土地改革法》。同时调集干部组成土改工作组,分期分批进行土改工作。达地土改为第一期,从1951年3月开始,7月结束,共有9个村,963户532人。第一步,召开贫雇农代表会议,宣传学习《土地改革法》,贯彻执行"依靠贫农、雇农,团结中农,中立富农,有步骤、有分别地消灭封建剥削制度,发展农业生产"的阶段路线和政策，建立农民协会，运用阶级对比的方法，访贫问苦，扎根串联，发动群众。第二步，划分阶级成分。按照中共中央《关于划分农村阶级成分的决定》，普查登记各户土地占有量和劳动力数，剥削程度或剥削量，以劳动与不劳动为主要界限，进行阶级分析排队，通过详议，张榜公布。第三步，依法没收地主土地、山林、房屋、耕牛、农具及其财产，征收公田、祠田、学田、庙田。对于富农则按照保护富农经济的政策，只征收其出租部分的土地；对中农（包括富裕中农）的财产和耕地加以保护，不允许侵犯。第四步，民主分配斗争果实，尽量做到"缺啥补啥、缺多补多、缺少补少、不缺不补"。先分田土，再分房屋、宅基和山林，逐户落实造册登记。

第三节 农业合作与人民公社

完成土改后，1952年3月在春耕生产中开始建立临时互助组，实行以工换工或人换畜力的办法，解决生产中存在的实际困难。1952年全乡共组织临时互助组63个，参加的农户有537户。互助组发挥了集体的智慧和力量，修沟渠、筑塘坝，扩大灌溉面积，农业获得增产。

1953年达地乡划归丹寨县。1954年4月建立了初级农业生产合作社，基本实现了初级农业合作化。

1956年年初，中共丹寨县委贯彻执行中央关于农业合作化问题的指示和毛泽东《关于农业合作化问题》的报告，根据"全面规划，加强领导"的方针，作出了全县合作化的规划，1958年并转达地为高级社。高级社以下分生产队，队以下编生产组，实行"包工、包产、包成本、超产奖励"的责任制。

1958年达地划归凯里大县，同年8月建立人民公社，把乔桑、达地并为红星公社，入社农户达98%。耕地、山林、耕畜、农具、果木等均属人民公社所有；工副业统一由人民公社经营，实行工、农、兵、学、商一体化。

第四节　家庭联产承包

1984年实行家庭联产承包责任制，经过不断调整和完善，土地所有权归集体，社员个人只有使用、管理权的体制确定，农民的生产积极性得到进一步发挥，农业科技逐步推广，农、林、牧、副、渔业迅速发展，市场逐步稳定繁荣，农村经济逐步从自然经济转向商品经济。个体、工商户开始出现，农村经济进入了一个新的历史发展阶段。

第三章　国民经济计划管理

第一节　计划编制与管理

达地乡没有设立专门的计划管理机构，各个年度的各项经济指标主要由县级有关部门下达，乡人民政府根据各村实际情况将其分解到村，由村具体实施完成。

1979年，上级政府对计划管理体制进行了改革，实行经济计划管大不管小、管粗不管细、通过计划的综合平衡和宏观调节，做到大的方面管好管住、小的方面放开搞活。同时实行物价"双轨制"，将过去的粮食生产、木材生产及其他物资分配等指令性计划改为指导性计划。

改革开放以来，各级管理部门转变了计划指导思想，缩小指标性计划的范围，并且不断地扩大指导性计划范围，有力发挥了各生产部门的积极性。

第二节　物　资　管　理

达地乡没有统一物资管理部门，建筑材料等由基建单位自行采购。1950~1959年年加工锄头、镰刀等铁制农具需要的钢铁由供销社组织供应。20世纪60年代州物资局在雷山县派驻物资员，收集各单位需要的材料申请和计划，乡里需要的物资统一上报，由州直接调拨物资到县，然后按计划供应。

　　根据计划内物资的来源数量和基本建设需求，物资由县里统一进行分配。1985年后，除少数计划内物资仍按计划分配外，一般由市场调节。

第四章 物价管理

第一节 价 格

达地建乡镇之初商品经济极不发达，贸易不多，从以物易物为主，以物换银为辅。

"民国"十六年（1927），1升大米换银元1元，"民国"十八年（1929），食盐每斤（16两称）售价1银元。"民国"三十三年（1944），一担稻谷售银元4元。"民国"三十六年（1947），一担稻谷售银元5元，可换2斤盐。

1953年国家先后对粮食、食用植物油等实行统购统销，对主要商品及劳务实行计划价格，对关系国计民生的第一、第二类商品实行统购、派购和统销、包销，由国家统管商品价格，"基本不动，个别调整"，使物价保持稳定。

1959—1962年，国民经济处于困难时期，取消了集市贸易和市场调节，上市商品极少，市场供应紧张，集市贸易价格上涨，一斤鸡可卖40—50元。对于主要生活必需品实行凭票定量平价供应，对于糖果、糕点、香烟、酒等商品部分实行平价供应，部分实行高价敞开供应，物价相对稳定。

"文化大革命"的十年中，物价长期冻结不变，质量好坏同价，且物资供应紧张单一，主要生活消费品定量凭票供应，有的平价商品价格变相上涨。

1979年国家实行"计划经济为主，市场调节为辅"的方针后，运用价值规律和市场杠杆，对商品产销价格进行合理调整，运用多种价格形式刺激工农业生产发展，市场繁荣，价格平稳合理。

改革开放以来，社会物质文化日益丰富，各种商品价格主要由市场调节。

第二节　管　理　监　督

"民国"时期达地市场物价无人管理，完全凭供求关系自行调节。新中国成立初期，三都县设置商务局，专门制定和督办物价。

达地划归雷山县管理后，由县物价委员会制定价格并监督管理。1967年10月～1977年12月，县里在计划委员会内设物价科，配备专管干部管理物价。1978年2月，建立物价局作为计委系统专管物价的机构。达地物价的监督管理均由县物价局施行。

1982年以后，物价管理体制改革，采取了多种价格管理形式，分为国家定价、浮动价、议价共3种。

20世纪60年代前价格监督主要是针对私营工商业者，监督其是否执行国家价、品牌价，违规者由县市管会按情节处罚。

1977年6月以后，物价检查工作逐步走上正轨，县级管理部门每年都实行定期、不定期的检查。对供销社商品提价、漏调价格等现象责成相关单位查处。

第五章 工商行政管理

第一节 市场管理

新中国成立前,达地集市无人管理。1951年三都县成立市场管理委员会,由工商、税务部门联合管理,有交易等管理人员5人,定期和不定期对农村集市进行管理。主要工作任务是稳定物价和协助政府征收交易税。

1953年达地划归丹寨后,达地市场由丹寨市管会管理。1954年后实行粮食统购统销,市场管理委员会对自由成交和随行就市的农副产品和手工业产品售价采取引导或必要的限制的管理方法。市管会负责安排行市摊点,维持市场秩序,限制病畜肉食上市。

1955年市场管理委员会组织开展增产节约运动,改造私营商贩,反对投机倒把。国营商业包揽物资供应。

1961年达地划归雷山县。1962年开始,雷山进入三年调整时期,达地市场开始出现商品多样化,贸易逐渐繁荣。"文化大革命"开始以后,市场管理工作以阶级斗争和打击投机倒把的"三反一粉碎"运动为重要内容,市场逐渐萧条。

1983年达地设立工商管理所,专门对达地乡市场进行管理。其工作主要内容是征收工商管理费、管理市场秩序、清理无证商贩和对短斤少两、掺假使假等损害消费者利益的行为予以处罚。

第二节　工商企业管理

"民国"时期工商企业登记由三都商务局办理。民国三十六年（1947）达地有客店业2户，百货店2户，小布贩1户，屠宰户1户。

1952年8月5日，三都县商务局对全县工商户进行清理发证工作，达地发证工商户有客店业2户、百货店1户，布店1户，盐店1户。

1953年划归丹寨后，工商企业由丹寨工商局管理，重新换发新证。

1958年建立红星人民公社，归凯里大县管理，其间仍用丹寨县发放的商业许可证。

1961年划归雷山后换发由雷山县发放的新证。达地设置供销合作社，包括食盐、烟、酒、粮业、布匹、收购以及酒厂等共有7户商业户。

1983年市场开放，达地设立工商管理所后，个体工商户出现。首批登记的有8户。1984年增加到9户。1985年有个体工商户13户。1992年有个体工商户61户。2000年有个体工商户93户。2008年有个体工商户328户。

1983年农村经济放宽搞活，个体工商户发展迅速，当年全县有236户，其中达地有8户。1995年达地成立个体工商联合协会，会员有13人。

第六章　党建扶贫开发

自"十五"扶贫攻坚以来，雷山县委县政府加大对达地水族乡的扶贫开发力度，派党建扶贫工作队长期驻达地开展党建扶贫工作，同时对达地倾斜性拨给扶贫开发项目资金。达地乡党委、政府充分利用达地丰富的草地资源和优越的地理优势，大力发展种草养牛、养羊业，加快小城镇建设和交通建设步伐。通过扶贫开发，达地社会经济得到快速发展，人民群众生活水平得到提高，2008年年人均收入达1650元，解决了温饱问题。

第一节　扶贫达地小城镇建设

达地水族乡地处两州（黔东南州、黔南州）、四县（雷山县、榕江县、丹寨县、三都县）、六乡镇交界处。每逢赶场天，四面八方商客蜂拥而至，达地市场非常繁荣，赶场人数保持在几千人规模，过年期间每场达到1万多人，场交易额近100万元。为加快达地经济发展步伐，历届乡党委、政府领导把达地小城镇建设摆在首要位置，积极争取扶贫资金，实施移民搬迁工程和街道硬化。2000—2003年共争取扶贫资金123万元，实施3条移民搬迁街，搬迁191户进驻达地居委会，搬迁人口600余人。至2009年年初，达地共建成4条街道，总长900多米，其中欣欣街、达勒街、古瓢街（含里勇街）为民族街，街道两边房屋为两层楼木房，前有美人靠上盖小青瓦，古朴典雅，具有水、苗等民族风情。街道硬化面积1万多平方米，街道硬化率达98%以上。

第二节 扶贫达地发展养殖业

达地属雷山县三大产业带之中的"畜牧产业带",县委、县政府非常关心达地的发展,在县扶贫局、畜牧局的帮扶下,达地通过引进优良杂交品种和对当地畜牧进行品种改良,成效明显。

一、种草养牛

2002年达地得到养殖扶贫资金35万元,修建乌达牛场,帮扶49户群众购买基础母牛161头和海福特种公牛1头。2004年达地得到养殖扶贫资金 万元,从山东引进西门塔尔杂交基础母牛203头,安格斯种公牛1头,该扶贫项目在排老、小乌、高车三个村实施。2007年达地得到养殖扶贫资金50万元,从四川引进杂交基础母牛400头,种公牛2头,主要在排老、野蒙、达地三个村175个项目户实施。其中达地村79户,野蒙村50户,排老村46户,达地村190头,野蒙村103头,排老村101头,另外,达勒村4头,高车村4头。

通过品种改良,达地牛品种得到改善。2004—2009年年初,全乡共实施牛品种改良2000余头,产杂交犊牛800多头。杂交牛犊长势好,用国内外优良品种的肉牛对地方黄牛进行杂交改良,后代杂交品种优势明显。主要表现为体型外貌改善,生长发育快,生产性能提高和繁殖性能良好等。饲养八个月后,杂交牛活重一般达190千克,价值3500元左右,而本地黄牛牛犊一般重110千克,价值2000元。到2009年年底,全乡牛存栏6000多头,肉牛年出栏1000头左右。

二、种草养羊

根据县委、县政府的安排,在县扶贫办、畜牧局的大力支持下,雷山县草地畜牧科技扶贫种草养羊项目2008年在达地实施,该年度达地得到养羊扶贫项目资金250万元,项目在小乌、里勇、高车、乌达4个村223户实施,购进波尔多基础母羊5000只,每个项目户发放基础母羊20只,其中,高车村80户,乌达村30户,小乌村53户,里勇村60户。发放优质牧草种2860公斤,其中,高车村890公斤,乌达村420公斤,小乌村570公斤,里勇村980公斤。发放钙镁磷肥30吨,其中,高车村9吨,乌达村4吨,小乌村7吨,里勇村10吨。全年项目村种植牧草1060亩,其中,高车339亩,乌达160亩,小乌222亩,里勇339亩。

按照先完成建圈舍和种植牧草后发放项目羊的原则,2008年发放基础母羊从7月份开始,当年12月份结束。截至2009年6月,共产出小羊羔600多只,其中最多一个项目户产了22只,增加了养羊项目户经济收入。

2009年达地又得到扶贫资金300万元,在小乌、背略、达勒、野蒙4个村实施。本次共采购5000只基础母羊发放到250户项目户实施。

第三节 扶贫整村推进

在县委、县政府领导及相关科局的帮扶下,共投资92万元帮扶达地水族乡4个一类贫困村进行整村推进扶贫项目,改善了达地边远少数民族地区的基础设施建设,促进经济发展。

一、排老村

（一）贫困户农房改造项目总投资1.5万元，完成10户茅草房改造，共实现9户茅草房改造为瓦房，1户窝棚改造为瓦房。

（二）村委综合楼建设项目总投资3万元，建成木质结构办公楼1栋，两层两间，建筑面积100平方米，全部装修完毕。

（三）人饮消防工程项目总投资5.26万元，共建成黄土组、大山组两个自然寨人饮消防工程。

（四）农田灌溉渠道防渗工程项目总投资6.89万元，扶贫资金全部用于排老村沟渠硬化。

二、野蒙村

（一）贫困户农房改造项目总投资1.5万元，完成10户茅草房改造，共实现10户茅草房改造为瓦房。

（二）村委综合楼建设项目总投资3万元，建成木质结构办公楼1栋，两层三间，建筑面积100平方米。

（三）人饮消防工程项目总投资2.8万元，建设野蒙小学及岩门寨人饮消防工程。

（四）农田灌溉渠道防渗工程项目总投资5.7万元，实施白米组、野蒙组、古月组、水利组、大毛坡组沟渠硬化。

（五）步道建设工程项目总投资3.25万元，对野蒙组、古月组和大毛坡组实施村寨间步道硬化建设。

三、里勇村

（一）贫困户农房改造项目总投资1.5万元，用于购瓦扶持10户茅草房改造。

（二）步道建设工程项目总投资4.84万元，用于全村步道建设。

（三）农田灌溉渠道防渗工程项目总投资9.89万元，用于农田沟渠硬化。

四、乌空村

（一）贫困户农房改造项目总投资1.5万元，用于购青瓦扶持10户茅草房改造。

（二）人饮工程项目总投资8万元，实施乌空人饮消防建设。

（三）渠道建设项目总投资4万元，用于乌空村部分农田沟渠硬化。

（四）投资3万元修建一栋木质结构村级综合服务室。

农牧水篇

第一章 种 植 业

达地乡农业历史悠久。大约在宋元时期，水族和苗族先民已开始在达地开辟层层梯田，种植水稻等农作物。明清时期，农业发展缓慢。民国时期，达地境内农业生产有了一定的发展。

新中国成立后，土地改革使生产力得到了解放，农业生产有了较大的发展。全乡各族人民在不断完善农业生产体制改革的同时，改善农业生产条件，促进农业的发展。特别是党的十一届三中全会以后，实行了以"包产到户"为主要形式的承包责任制，使农业生产发展到一个新的高度。粮食总产量和农业总产值逐年增长，小麦、油菜、玉米、茶叶、果树等种植得到相应发展。

第一节 农业耕地

达地全乡共有耕地面积 7486 亩，其中稻田 6658 亩，旱田 828 亩。

一、耕地分布

坝田占 1.8%，冲沟田占 15.3%，傍坡田占 82.9%。其中，分布在海拔 500—600 米的占 2.6%；在海拔 600—800 米的占 18.3%；在海拔 800—1200 米的占 76.7%；在海拔 1200 米以上的占 2.4%。

坡度小于 10 度的旱田占土地总面积的 10.5%；在 11—25 度的占 36.6%；在 26—35 度的占 46.5%；在 35 度以上的

占 6.4%。

二、耕地土壤

寡黄泥田占田总面积的 2.5%；黄沙泥田占 33.5%；沙泥田占 6.8%；冷水、冷浸、冷沙、烂锈田占 14.6%；潮沙泥田占 2.4%；黄泥田占 18.6%；黄油沙田占 8.2%；其他泥田占 13.4%。黄沙泥土占土地总面积 76.5%；黄油沙泥土占 10.6%；黄泥土占 5.2%；黄胶泥土占 4.7%；其他土种占 3%。

三、耕地质量

亩产 550 公斤以上的高产田占田总面积 7.4%；亩产 400—550 公斤的中产田占 76.6%；亩产 400 公斤以下的低产田占 16%。高产土占土地总面积 7.3%；中产土占 62.5%；低产土占 30.2%。

乡境内土壤多呈酸性，因处亚热带季风湿润气候区，气候温和，雨量充沛，而且雨热同步，自然条件较好，适宜于粮食作物和茶叶等经济作物的生长。

第二节 劳动力及耕作制度

一、劳动力

2008 年达地全乡人口近 1.1 万人，有劳动力 6257 人，其中男劳动力 3842 人，女劳动力 2415 人。近年来随着经济的发展，60% 左右的劳动力纷纷外出务工，在家乡劳动力多为老弱病残和小孩。

二、肥料

新中国成立前，达地农业用肥全部是农家肥。新中国成立后，随着群众意识的不断提高和政府的大力推广，20世纪70年代初期，化肥开始被人们认可，并逐步被运用到农业生产中去，进入80年代后，化肥的使用在达地乡已全面推广。近几年来，达地乡化肥使用量为每年200吨左右，农家肥的使用量为每年6000吨左右。

三、耕作制度

达地在元、明、清时期，生产方式和技术极为落后，耕作粗放，用人拉犁，脚踩田，焚山而种，轮歇耕种等生产方式，没有中耕施肥的习惯。近代，农业生产有所发展，铁质农具水犁、水耙、旱犁、薅耙、刀斧、钉耙、挖锄等大量增加。新中国成立后开始采用中耕除草和施肥等技术，试用七寸步犁、山地犁等新式农具。

（一）播种移栽技术：新中国成立初，达地边远落后，群众文化水平较低，水稻播种仍然采用抛撒的原始办法，产量不高。自1987年开始，"两段育秧法"在达地全乡范围全面推广，采用此法的农户越来越多。1989年，全乡"两段育秧"水稻种植面积1524亩，平均亩产415公斤，每亩平均比一般育秧法增产33公斤。

（二）田间管理技术："包产到户"后，多数农作物种植后由"不管或少管"，逐步转变为采用"看苗追肥，科学施肥（氮磷钾配合施用），叶面施肥，合理灌溉，化学除草，施用植物生长激素，进行人工辅助授粉"等科学技术。

（三）收割技术：包产到户落实后，多数农民使用镰刀、拌斗收割，20世纪80年代，手动脱粒机进入农业生产中，现在机动脱粒机普遍被用于水稻收割。

（四）耕作技术：新中国成立前，田里仅种一季水稻，有的秋后复种紫云英，作为肥料，土里大部分种植瓜菜，小部分种植烟草，复种指数极低。土地改革和农业合作化完成后，先进农业生产技术陆续在农村推广应用，耕作制度大为改进，主要推广稻麦两熟制、稻油两熟制、稻芋两熟制、稻绿肥两熟制、稻菜两熟制等。

第三节 粮食作物

达地粮食作物有水稻、玉米（包谷）、小麦、薯类（红苕、洋芋）、大豆（黄豆）、杂粮（小米、高粱、稗子、豆类）等。

一、水稻

水稻是达地乡粮食作物的主要品种。播种面积每年都在6000亩以上。1971年以前，主要栽植本地选用的老品种，如小红谷、大麻谷、大白谷、小白谷、马尾粘、三道筒、九月谷、三百棒、小柱子、长须糯等高秆品种。其优点是适应性强，病虫害少，但是株型高大，不耐肥，容易倒伏，株行距过大，产量在220公斤左右，不易增产，也无潜力可挖。1972—1978年，矮秆品种逐步取代高秆品种，引进的外地良种逐渐取代了本地老品种。普遍种植的品种有珍珠矮、凯中1号、梅选、桂朝1号、桂朝2号、黔育272、农育1744、西农175、农垦58、湘东、广谷粘、遵7201、双桂11号等。与本地老品种比较，这些品种耐肥、抗倒伏，亩单产在270公斤左右。1979开始引进杂交水稻优良品种，逐渐取代常规本地老品种。1978年，杂交水稻首次引入达地试种成功，主要组合为汕优2号、汕优6号、威优6号和白优6号等，单产在360公斤左右。1985年，品性更为优良的水稻杂交组合又一次引入达地，品种组合主要为汕优63号、岗优12号、Ⅱ优63号等，平均单产在450公斤左右，最高单产达620公斤。2004年超级稻开始引入达地，品种组合主要为淮两优527、Ⅱ优明86、Ⅱ优084、Q优6号等，平均单产在650公斤左右，最高单产达785公斤。

二、玉米

玉米是达地乡仅次于水稻的重要粮食作物。20世纪80年代杂交玉米品种开始引入达地，20世纪90年代大面积种植，每年种植面积在1800亩以上，目前主要推广的杂交组合为临奥系列、登海系列、正大系列等40多个品种，平均单产在550公斤左右，最高单产达750公斤。

三、薯类

薯类有红苕和洋芋两种，都是我乡重要粮食作物。

1. 红苕

品种有本地红苕、紫心苕、广西白苕、广西黄心苕、胜利百号等，每年种植面积在1500亩左右，红苕一般亩产鲜苕2000—2500公斤。

2. 洋芋

主要为春洋芋。1980年后逐渐引进新品种，扩大种植面积。目前全乡每年种植面积在2000亩以上，亩产170—220公斤（折原粮）。

四、大豆

大豆主要在玉米地里套种，种植较少，产量也低，一般年种植300余亩，品种有小黄豆和小绿豆两种。

五、杂粮

有小米、高粱、稗子、饭豆、豌豆和其他杂豆，种植面积不大，产量较低。

第四节　经济作物

经济作物以茶叶为主，因土质、气候、温差等条件比较适宜，茶叶质量优良。近年茶叶种植发展迅速，已成为达地乡重要经济作物之一。其次为辣椒、魔芋、土烟等。棉、麻和花生等作物种植有一定数量，果品、药材亦有良好的发展条件。

一、茶叶

达地境内的地势、土壤、气候都适宜茶叶种植，特别是大坪山、高车马道坡、丁家坡和同鸟屋背坡具有发展优质茶叶生产得天独厚的自然条件。

1972—1978年，达地公社组织2000余人在高车马道坡、大坪山和桐油坳修建茶园共1700余亩，并兴建茶叶加工点三个，年产茶叶2521公斤。后因技术、交通等原因，三个茶场无人管理。直到2004年后，在国家的扶持下，高车马道坡茶场和大坪山茶场才得到了恢复（桐油坳茶场已改种其他经济作物），加上近年新建茶园700余亩，现达地乡茶园面积达2000余亩，并恢复了两个茶叶加工点，主要茶园已修通了公路，为下一步茶叶经济的发展打下了基础。

二、油菜子

主要种植本地白菜型油菜和甘蓝型油菜，种植面积每年在

800亩左右，亩产80多公斤。

三、辣椒

辣椒的品种以羊角辣和线辣为最多，其次为灯笼辣和朝天辣，年产干辣椒10吨左右，各村、组普遍种植。

四、魔芋

本乡的海拔、气候、土质等自然条件均适宜魔芋生产，因缺乏商品市场，销路不广，种植不多。农民种植魔芋主要用于加工"魔芋豆腐"，供自己食用，所以仅在粮、菜地里套种或在小块土地零星栽培。

五、药材

达地境内野生药用植物资源丰富，历来民间只栽培少量珍贵药种，纯为自用，市场上收购的药材多是野外采集，少量为人工栽培。

六、葵花

民间习惯在房前屋后、田边土角种植葵花，也与红苕、瓜、菜等套种。农民种植葵花，主要供自家食用，作商品出售的不多。

七、蓖麻

农民多在房前屋后零星种植，产量不大。

八、蔬菜

据乡农推站调查，目前乡内年种植2000—4000亩，单季亩产1000公斤左右。

九、绿肥

1960年后才逐渐推广，品种有菜花、苕子、紫云英3种。1963年引进苕子，1965年引进紫云英（又名红花草），1965年后，苕子被淘汰，只种紫云英。年绿肥播种面积在4000亩左右。

十、花卉

主要为庭院栽培，以美化环境，供人观赏。达地的红山茶最负盛名。此外，还有桂花、栀子花、月月红、夜来香、靠墙梅、栽秧花、粉团花、荷花、太阳花、紫金花、菊花、芍药花、鸡冠花、指甲花、牵牛花、石榴花、昙花、仙人掌等。

第五节　植　物　保　护

一、农作物病虫种类及危害

乡内作物病虫种类主要是：水稻稻瘟病、白叶枯病、纹枯病、菌核病等11种病害和稻包虫、二化螟、稻纵卷叶螟虫、稻飞虱、负泥虫等20种虫害；麦类有麦锈病、赤霉病、麦红蜘蛛、麦蚜等病虫害；玉米有干腐病、玉米螟；甘薯有黑斑病；马铃薯有晚疫病；高粱有高粱蚜虫；棉花有棉花炭瘟病、棉蚜、棉铃虫、棉红蜘蛛；油菜有菌核病、油菜霜霉病、油菜蚜虫；大豆有大豆蚜虫；麻类有苎麻夜蛾；茶叶有茶饼病、白星病、茶毛虫、小绿叶蝉；蔬菜有白菜软腐病、番茄青枯病、番茄病枯病、番茄病毒病、辣椒炭疽病、翁菜蚜；烟叶有烟草炭疽病、烟草青枯病、烟蚜、烟草夜蛾；果树有梨锈病、梨黑星病、梨象甲、桃炭疽病、柑橘疮痂病、柑橘潜叶蛾、橘蚜等。

此外，还有蝗虫、粘虫、蝼蛄、地老虎、蛴螬、油葫芦等6

种杂食性害虫和玉米象、米象、麦蛾、绿豆象等仓库害虫。

上述各种病虫严重危害农作物的生长发育,一般灾情减收五成,严重的颗粒无收,即使用高效农药防治,仍会造成损失。

二、预测预报

乡政府及相关部门每年对主要农作物病虫害发生情况进行预测预报,将预报资料印发农村传阅,对指导防治有较好的效果。

三、农业灾害防治

合理运用栽培管理技术,创造有利于作物生长、不利病虫滋生的环境。食根叶甲虫危害严重的田块改泡冬田为炕冬田或小季田;螟虫危害严重的田块及时清除稻草。此外,通过合理施肥和科学管理促进作物生长发育,增强抗病能力,薅除杂草,消除害虫的中间寄居和越冬场所。

物理机械防治:利用物理因素(温度、光、风力、比重)或机械作用消灭病虫害。采取晒种、风力选种、泥(盐)水选种、温汤浸种等。还可利用灯光、火把诱杀病虫。

四、生物防治

利用有益生物或生物代谢物防治病、虫、鼠害。除了传统养鸭吃虫、养猫灭鼠等行之有效的方法外,春雷霉素、井冈霉素等生物农药也已推广使用。保护螳螂、蜘蛛、蛙类、猫头鹰、蛇、黄鼠狼、老鹰等有益动物,增加害虫的天敌。

五、化学防治

利用化学农药防治病、虫、鼠害,威力大、见效快,特别对暴发性病虫,能在短期内迅速歼灭,又不受地区和季节的限制。

第二章 畜　牧

第一节 机　构

1967年实行生猪派购，牲畜屠宰统归食品部门负责。1972年恢复市场肉品检疫工作。1976年成立达地镇畜牧兽医站，由乡、镇政府直接领导，站内工作人员为半脱产式聘用。这期间工作人员有余忠武、吴宗良、陆金昌。

1984年，达地乡成立防疫检疫站。生猪屠前宰后的检疫和肉检工作一律由兽医部门负责。1956—1966年，开展以消灭猪瘟、猪丹毒、猪肺疫三大传染病及鸡瘟为主要任务的防疫工作，同时做好牛炭疽、牛气肿疽、牛出败的防治。20世纪60年代以后，牛炭疽、牛出败和牛气肿疽很少发生，猪瘟、猪丹毒、猪肺疫三大传染病基本被控制。

1967—1980年，对防疫工作不够重视，畜牧工作处于半瘫痪状态。

1981—1994年，围绕"两瘟三病"开展防疫工作。1982年，举办全乡基层兽医学习班，有8人参加。这一年全乡出动26人次，开展畜禽防疫工作，共注射猪瘟疫苗2000多头，占饲养量的90%；注射猪丹毒、猪出败双联苗1800多头，占饲养量的72.1%；注射鸡瘟疫苗3000羽，禽出败菌苗2500羽，接种鸡痘疫苗2200羽，鸭瘟及鹅瘟注射200羽。全乡基本上控制了禽畜三大传染病的流行。

1992年撤区并乡更名为达地乡畜牧兽医站，取消半脱产的聘用制，正式编制人员两名。

1992—1997年畜牧兽医专业毕业的大中专毕业生可直接进入乡畜牧兽医站工作。

1997年后进入乡畜牧兽医站工作人员则是参加考试后择优录取的。畜牧兽医站工作人员由乡政府直接领导。这期间工作人员有白考哲、杨权、石昌丽、朱坤雄、胡利亚。

2009年乡畜牧兽医站由县畜牧兽医局垂直管理，人员编制是3人，工作人员是胡利亚、余国俊。

第二节 畜禽饲养

一、养猪业

达地乡气候温和，饲料资源潜力大，与黔南州接壤，交通方便。生猪、猪苗成为达地乡的主要产品之一。1976年设检疫员，开展畜牧检疫和肉品检疫工作。1979年，达地镇第一次引进良种猪苏白猪，并开展了生猪杂交改良工作。当年，猪的年存栏量达2200头，年出栏量达1012头。生猪收购价从55元/百斤提高到61元/百斤。

1958年下半年，实行小社并大社和人民公社化，大办公共食堂，取消自留地，生猪实行折价归社，结果出现大量阉割母猪被卖和宰杀，小猪价格大幅度下降的情况。由于管理不善，饲料缺乏，加上传染病和寄生虫病循环感染，猪群死亡严重。1959年，粮食产量下降，生猪存栏急剧下降。1959—1962年，生猪生产陷入低潮。

1963—1973年为乡生猪生产发展第三个时期。1963年，政府实行"私养为主，公养私养两条腿走路"的方针。这年春种作物增产，夏、秋粮食丰收，开放农贸市场，鼓励社员养猪。这期间生猪饲养量持续增长，存栏量持续9年增长，出栏量持续7年增长。

1974—1982年是生猪生产徘徊不定时期，有以下几方面原因：一是农民养猪受到诸多限制，自留地、饲料地被视为资本主义私有制尾巴，放而复收。二是农村集市贸易曾一度关闭，生猪政策多变，奖售政策不合理。三是饲料缺乏，生猪生产不稳定。

1983—1991年是生猪生产第四个发展期。1984年，县政府要求猪瘟防疫注射率占存栏总头数的90%，45天龄以上奶猪全部注射猪丹毒、出败菌苗，注射率要达到70%，有效地提高了免疫率。同时，县政府取消生猪派购，放开猪价，市场肉检工作统一由兽医部门负责，防止疫病传播。这期间，生猪以家庭饲养为主，国家、集体、个人一起上，促进养猪专业户向规模经营方向发展。县政府从资金、种苗、技术上支持良种繁育，从外地组织良种公、母猪，开展人工授精，提高杂交猪的比重，推广科学配合饲料，配制不同生长阶段的配合饲料。

1991—1997年是生猪生产低潮期。这期间猪的存栏数较低，只有3000头。

1997—1998年是生猪的存栏高峰期，全乡生猪存栏4000头，猪的价格也达到了历史的最高水平，猪粮比价首次达到5∶1。

1999—2004年是生猪生产低潮期。由于市场开放及价值规律的作用，生猪的生产供过于求，导致价格过低，农户大量屠宰母猪，此间猪的存栏数较低。

2005—2008年是生猪的饲养高峰期。由于国家出台生猪补贴政策，农户积极养猪，使得达地乡母猪存栏数达到1091头，育肥猪存栏数达到4000头。

（一）品种

达地土黑猪：特点是早熟、耐粗、性驯，容易饲养，抗病力强，肉质鲜美，多脂肪，屠宰率中等，产崽8—10头，成活率高。1979年，黑猪存栏有1400多头，其中母猪447头。后因引入外来品种进行杂交改良，黑猪逐渐减少。2005年土黑猪存栏仅100头，其中母猪不到20头。

二元、三元杂交猪：因市场的开放及群众对猪肉品质的要求提高，先后引入苏白、大约克夏、兰德瑞斯、杜洛克等种猪和猪精，现在农户饲养的猪大都含有以上猪种的血缘。

（二）饲养

新中国成立前达地乡农户养猪有圈养、放养两种方式，而母猪一般圈养。

传统饲养方法：平时日粮以番薯苗、番薯、青菜、野菜及稻谷加工糠类等青粗饲料为主，大米为辅，杂以少量豆类及豆科作物加工副产品，利用家庭泔水加青料煮熟喂饲。大米多熬成粥，玉米粉、谷皮糠（统糠）等饲料在喂饲前加入，并放入少量盐，一般日喂2—3次。20世纪50—60年代，农户家中有什么就喂什么，饲料搭配不平衡，习惯于"两头精，中间粗"。仔猪和将要出售的肉猪适当增加一些精饲料，中猪以青粗饲料为主。这种传统的养猪方法猪生长慢，经济效益低，要耗费较多的饲料和燃料，一般本土猪要饲养6—10个月，有的要饲养一年以上才能达到毛重50公斤。

调制饲料喂养：随着农业生产的发展和科技进步，20世纪80年代后，专业户和养猪场已推广使用全价配合饲料，按照猪的类型分为母猪、崽猪，根据肉猪各个生长发育阶段的营养需要，配合适当的全价饲料，满足猪的营养需求。采用新的饲养方法饲养杂交猪，从离奶开始一般4—6个月可达70—80公斤胴体肉。

二、养牛业

达地乡的草山草坡资源丰富,具备发展养牛业的有利条件。达地的水牛和黄牛体形好,挽力强,性情温顺,耐粗食。达地的小牛是"火烧皮"的最好原料。

(一) 水牛

达地水牛属西南品种沼泽型,主要分布于小乌、同鸟、乌达、高车等村寨。达地水牛对寄生虫抵抗力很强,小牛对蛔虫病也有一定的抵抗力,成牛感染肝片吸虫虽多,但死亡很少。本地水牛一般性成熟期是2岁半至3岁,母牛繁殖率平均为70%左右,在饲养条件较好的情况下约有45%的母牛可1年1胎。达地水牛挽力大,以役用为主,一般可拉750—1000公斤,每头水牛可耕水田25—30亩。十几年来,由于不断购进外地品种,致使本地品种逐步混杂,体形变小,役力减弱。2008年,达地水牛存栏量为75头。水牛需经常浸水洗身,盛夏期间,需每天拉水牛下河洗澡1—2次。

(二) 黄牛

达地黄牛具有耐热、耐寒、耐旱、耐劳、耐粗饲和抗病力强等优点。达地黄牛以役用为主,兼食用。外表皮毛呈黄色、棕黑色及灰黑色,性情温驯,容易饲养。1994年黄牛存栏量为2000头。2008年黄牛存栏量为2611头,2009年全乡存栏近3000头。达地耕牛秋后多以放牧为主,平时为圈养。农户对牛的饲养管理主要是让牛吃饱、饮足。冬春两季,天气较寒冷,早上放牧稍迟,晚上早归。夏秋两季,牧地草料充裕,放牧时间一般达到5个小时牛便能吃饱。因夏秋天气炎热,因此要早放晚归,中午让牛休息。

三、养羊业

2007年达地乡有本地羊300只，属于西南品系。个体较小，成年公羊有25公斤左右，母羊有20公斤左右。性成熟和体成熟较早，肉质鲜美，毛色有白色、黑色、棕色等，公、母羊都有角，属于香羊，极具开发价值。2008年达地乡种草养羊项目引进含波尔山羊血缘的二元杂交母羊4800余只，饲养方式主要为放牧饲养。2009年又引进杂交基础母羊5000只。其中2008年引进的基础母羊通过半年多时间饲养，至2009年5月产羊羔1000余只。

四、养犬业

（一）达地乡各村寨都有养犬（狗）的习惯。达地乡的乌空村、背略村、野蒙村等村寨村民有狩猎的习惯，所养狗均是具有猎狗特征的"追山犬"，具有红鼻子、红眼睛、双层箭杆毛等特征。耐力强，嗅觉灵敏，猎性强，具有开发价值。这种猎狗有很高的声誉，但由于没有进行有效的选配，品种退化严重，目前已处在濒于灭绝的边缘。

（二）疫病

在达地乡，狗主要有以下几种疾病：犬瘟热，犬细小病毒，犬病毒性肝炎，狂犬病，犬蛔虫病，犬绦虫病。

五、家禽业

（一）饲养

达地乡饲养家禽历史悠久，家禽以土鸡为主，其次为鸭、鹅。饲养方式为放养。大多都在自家的房前屋后放养。

1. 孵化

达地传统的孵化方法是利用母禽的就巢性（赖孵）本能进行

孵化，农户选择性情温驯、个体大小适中、身体健壮、就巢性好的母禽来孵化，母鸡一般每窝孵化 15 个蛋左右，母鹅每窝孵化 8 个蛋左右。这种原始的传统孵化方法影响了母禽的产蛋量，制约着家禽业的发展。

2005 年年初，随着养禽业的发展，达地乡电孵化机孵化法得到应用，调温、调湿、翻蛋实现机械化，孵化量大，操作简单，管理方便，能提高孵化率和雏禽品质。

2. 育雏

母鸡带崽和雏禽自温育雏法：家庭式养鸡由母鸡带崽放牧饲养，农户选择母鸡的首要条件就是会孵化、带崽性能好，不要求产蛋多，每窝能产 15 个左右即可。农户一般把善于孵化、觅食、保护雏鸡的母鸡保留下来。在温暖、少雨季节，育雏率能达八成，雨水季节或冬季育雏率则相对低。家庭式养鹅、养鸭也是靠自温育雏。

3. 推广科学饲养

科学饲养就是根据饲养标准来发展饲养生产的先进科学技术。它是按禽类生长发育不同阶段需要的营养，用恰当的饲料配合成全价饲料，能在最短时间取得最多禽产品。传统的饲养方式下鸡的生长速度慢，一般要 7～8 个月才能上市。1994 年，根据饲养标准饲养，鸡的生长速度大幅提高，仅 3～4 个月就能上市。

（二）品种

1. 达地土鸡

达地土鸡分布于达地乡各个村寨。公鸡羽毛多为鲜红和黄红色，母鸡多为麻色。还有部分乌骨鸡，骨全为乌骨，乌冠，乌脚，羽毛有鲜红、黄红、麻色及白色不等。达地土鸡肉质细嫩，味道鲜美，有较高营养价值和药用价值。2008 年全乡有土鸡 4000 余羽。

2. 达地草鹅

达地草鹅主要分布在小乌、达勒和高车。达地草鹅早熟、易肥、肉质鲜美、耐粗饲、骨细、体形较小，羽毛颜色多为灰色和白色。2008年全乡存栏仅32只。

3. 达地麻鸭

达地鸭主要以麻鸭为主，羽毛为麻褐色，一般体重1.5—2公斤。2008年全乡存栏仅102只。

第三节 牲畜品种改良及饲料饲养

达地自2004年推行种草养牛扶贫项目以来，共引进门塔尔、利木赞、安格斯等二元杂交和三元杂交基础母牛600多头，引进西门塔尔、利木赞牛、安格斯种公牛4头。除利用外地种公牛对引进基础母牛进行配种外，还对当地母牛进行冻配。至2009年，共进行品种改良2000多头次，产下良种杂交牛犊900多头。所产牛犊个体大，生长快。

1995年达地乡第一家饲料店开业，到2009年达地乡已有6家饲料店，共有7种不同品牌的饲料。饲料工业的兴起大大促进了达地养殖业的发展，增加了农民的收入。但是农村还是以草、菜等生态原料饲养为主，适当配小部分饲料。

第三章 水 利

第一节 概 况

新中国成立前达地乡只修过一些小埝坝和沟渠,这些渠道石方部分多是用火烧石,泼水冷却炸裂后,再用尖锄开挖,一般坡度较陡,流速较大,渗漏亦较严重。新中国成立后,引水工程有较大发展。20世纪60年代,主要是兴建以引水为主的群众性小型农田水利工程。进入20世纪70年代,在重点干旱地区采取蓄水的办法修建了一批水库,初步解决了干旱严重地区的缺水问题。20世纪80年代主要是"整顿、巩固、提高"现有水利工程效益,兴建了一批人畜饮水工程,逐步解决极困难地区的人畜饮水。

新中国成立以来至2008年年底,全乡共建成大小水利工程40处,灌溉面积0.205万亩。其中大小引水工程防渗39处,灌溉面积0.18万亩,建设长度50.74公里;管道引水4.2公里(金家山—大坪山组—大坳组—龙塘沟),灌溉面积0.025万亩。堤防建设方面,近几年来,达地乡政府所在地建成了防洪标准为20年一遇的堤防体系。

上述水利工程的建设,改善了达地乡农业生产条件、自然生态环境及城乡用水用电条件,为达地乡的经济发展作出了一定贡献。由于受自然条件和经济条件的制约,达地乡水利建设的起点低,发展速度缓慢,水资源开发率低,水土流失日益加剧,今后的建设任务更加繁重。

第二节 引水工程

达地是九山半水半分田的山区，全无大的坝子，只有面积很小、零星分散的小坝子。耕地主要分布于山坡上，农田用水主要靠渠道引水及自然降雨补给。水利工程多为小（三）型，全乡目前没有一处小（一）型或小（二）型骨干工程。这些水利工程大多为20世纪50—70年代修建的，工程是边设计、边修建，存在着较多的缺陷，加上年久失修、管理不善等多方面的原因，普遍存在着渗漏、沉陷严重的现象，甚至有的工程已弃置不用，严重影响了工程效益的发挥。针对上述情况，今后水利建设的思路应是：本着"整顿、巩固、提高"的原则，把水利规划、水利建设与建立高产、稳产农田结合起来，有计划、有步骤地组织力量和筹集资金，把重点放在现有工程的修复、配套上来。2006年5月调查结果显示，全乡30亩以上工程45处，长52780米，灌面1210亩，投资62.7万元。

小（三）型渠道水利工程表　2006年5月

乡（镇）	村别	工程名称	建设内容	灌溉面积（亩）	工程资金（万元）	备注
达地乡		43处	93830米	3062	88.1	
	里勇村	乔拉渠道	混凝土防渗长1860米	60	1.5	
		乔果渠道	混凝土防渗长2170米	52	1.7	
		上丛渠道	混凝土防渗长1500米	57	1.4	
	背略村	老树渠道	混凝土防渗长1500米	50	1.4	
		下堰渠道	混凝土防渗长3600米	120	4.3	
		高略渠道	混凝土防渗长1200米	53	1.0	

续表

乡（镇）	村别	工程名称	建设内容	灌溉面积（亩）	工程资金（万元）	备注
		者荷渠道	混凝土防渗长 2500 米	145	2.8	
		平寨渠道	混凝土防渗长 1000 米	50	0.8	
		里菜渠道	混凝土防渗长 1500 米	55	1.4	
		梭沙湾渠道	混凝土防渗长 1800 米	51	1.6	
		九砂渠道	混凝土防渗长 1500 米	55	1.4	
		金家山渠道	PE 塑料管灌 4200 米	120	12.0	
	排老村	窝卡渠道	混凝土防渗长 2000 米	62	1.8	
		大枫树渠道	混凝土防渗长 3000 米	58	2.5	
	也蒙村	大毛坡渠道	混凝土防渗长 720 米	55	0.8	
		党稿渠道	混凝土防渗长 3400 米	53	3.1	
		水利堰渠道	混凝土防渗长 1300 米	62	1.3	
		白米古秀渠道	混凝土防渗长 1500 米	56	1.4	
	达勒村	达勒寨脚渠道	混凝土防渗长 2300 米	54	2.1	
		古尤渠道	混凝土防渗长 2500 米	80	1.8	
		韦家渠道	混凝土防渗长 2000 米	102	1.8	
		乌王渠道	混凝土防渗长 2500 米	118	2.3	
	乌空村	史荀渠道	混凝土防渗长 1000 米	100	1.0	
		公松渠道	混凝土防渗长 2000 米	70	1.8	
		杨家渠道	混凝土防渗长 2000 米	120	2.2	
	乌达村	失火堰渠道	混凝土防渗长 2000 米	54	1.5	
		排倒渠道	混凝土防渗长 3000 米	87	2.5	
		也吉渠道	混凝土防渗长 3000 米	63	2.0	
		岩妈渠道	混凝土防渗长 2200 米	130	2.5	
		下卡渠道	混凝土防渗长 3000 米	58	2.2	
	小乌村	小乌岭渠道	混凝土防渗长 980 米	50	0.8	

续表

乡（镇）	村别	工程名称	建设内容	灌溉面积（亩）	工程资金（万元）	备注
		瓦厂湾渠道	混凝土防渗长2000米	55	1.5	
		也略渠道	混凝土防渗长1500米	65	1.3	
		也鸟渠道	混凝土防渗长3000米	60	2.0	
		党赖渠道	混凝土防渗长2500米	54	1.6	
	达地村	大竹山渠道	混凝土防渗长2800米	90	2.6	
		马田渠道	混凝土防渗长2000米	60	1.5	
		宋家渠道	混凝土防渗长1800米	55	1.3	
		同鸟渠道（上）	混凝土防渗长3000米	62	2.0	
		同鸟渠道（下）	混凝土防渗长3000米	64	2.0	
	高车村	五一渠道	混凝土防渗长3000米	96	2.5	
		桐籽地渠道	混凝土防渗长3000米	50	2.0	
		乌晒渠道	混凝土防渗长1500米	51	1.1	

第三节 蓄水工程及防洪设施

达地乡境内有达地电站和大毛坡电站水坝，蓄水量分别约300立方米和700立方米，均属小型水库。

达地防洪设施有1999年2月下旬开工建设的政府门前河堤，5月完工，河堤高2米，挖深0.5—1米，底宽60平方米，顶宽30平方米。其中河堤右长200米，左长165米。

2002年续建医院至车站桥第一期移民搬迁段右岸210米，

平均高2.5米。

2005年续建第二期移民搬迁车站桥至红卫段300米,平均高度3米。

第四节 重建工程

(一) 1996年对达地人饮工程进行改造,增设120立方米蓄水池一座。1997年建设达地乡人饮工程并交付使用,建成取水池两口,70立方米蓄水池一座,压水池两座,分别为40立方米和30立方米。2001年人饮工程进一步扩建,主要新增乌达大湾水源和杉木坳100立方米蓄水池一座,增设主管道4200米,增设河边一条街。2004年对过勒街和里勇街进行管道增设。2005年续建达地人饮工程,主要解决达地学校用水,增设60立方米水池一座;延伸里勇街第二期移民搬迁管道铺设。

(二) 2002年用政府挖出的劣质水管接引金家山经大坪山至大坳用水灌溉,后于2008年对其进行改造。

(三) 2003年野蒙村野蒙组人饮工程续建,增设4座消防池和一口取水池,增设一根主管道。

(四) 2004年对野蒙村古月组、水利组的主管道和进户管道进行更新改造。

(五) 2005年对因修村级公路损坏的沟渠和人饮管道进行恢复,投入经费6万余元,折合水泥100吨、管子7600米进行恢复重建。

(六) 2008年雪灾使全乡各个工程不同程度受到严重损坏,已恢复人饮工程灾后重建损坏管材13处,更换管网13.92公里,投入资金9万余元。

乡政府所在地自来水工程受灾情况统计表

单位：米、个、元

序号	名　　称	单位	数量	单价	金额
1	水表	个	30	50	1500
2	ϕ63"PE"管	m	390	21.1	8229
3	ϕ63"PVC"管	m	170	24	4080
4	ϕ20"PVC"管	m	200	3	600
5	ϕ50外丝消防栓	个	8	45	360
6	消防水带	m	500	7	3500
7	水枪	支	17	30	510
8	节扣	对	25	30	750
9	ϕ63"PVC"球阀	个	6	40	240
10	ϕ63"PVC"直接	个	80	6	480
11	ϕ63"PVC"弯头	个	30	14.5	435
12	ϕ63*20"PVC"三通	个	10	16	160
13	ϕ20"PVC"球阀	个	20	5.5	110
14	ϕ63"PVC"内丝直接	个	6	10	60
15	ϕ63"PVC"三通	个	5	17	85
16	ϕ63"PE"三通	个	7	17.76	124.32
17	ϕ63"PE"弯头	个	3	15	45
18	胶水	瓶	2	15	30
19	水泥	吨	1	400	400
20	开挖管道	m	520	5	2600
21	运费	车	1	500	500
合计					24798.32

达地水族乡各村寨灾后人饮消防工程重建概算总表

单位：米、个、元

序号	工程材料	数量	单价	金额
1	φ63 "PE" 管	1300	21.1	27430
2	φ32 "PE" 管	4300	4.77	20511
3	φ25 "PE" 管	6650	3.76	25004
4	φ20 "PE" 管	4500	2.76	12420
5	φ63 "PE" 三通	13	17.76	230.88
6	φ63 "PE" 弯头	13	15	195
7	φ50 "PE" 三通	1	15	15
8	φ20 "PE" 直接	45	2	90
9	φ25 "PE" 直接	21	2.67	56.07
10	φ32 "PE" 直接	14	2.8	39.2
11	φ20 "PE" 三通	110	2.6	286
12	φ25 "PE" 三通	3	3	9
13	φ63 "PE" 三通	15	3	45
14	φ63 "PE" 内丝直接	14	10	140
15	φ63 "PVC" 球阀	4	40	160
16	φ32 "PVC" 球阀	2	17	34
17	φ20 "PVC" 弯头	64	2	128
18	φ20 "PVC" 管	32	3	96
19	φ63 "PVC" 管	8	24	192
20	φ50 外丝消防栓	11	45	495
21	消防水带	100	7	700
22	节扣	7	30	210
23	水枪	3	30	90
24	水泥	10	378	3780
25	钢筋	120	6.5	780
26	胶水	5	15	75
27	运费			3000
合计				96211.15

达地水族乡各村寨灾后人饮消防工程重建概算表

单位：米、个、元

序号	村	组	工程材料	数量	单价	金额
1	达地	同鸟	ϕ63 "PE" 管	130	21.1	2743
2			ϕ63 "PE" 三通	4	17.76	71.04
3			ϕ63 "PE" 弯头	2	15	30
4			ϕ50 "PE" 三通	1	15	15
5			ϕ63 "PVC" 内丝直接	3	10	30
6			ϕ20 "PE" 直接	20	2	40
7			ϕ20 "PE" 三通	20	2.6	52
8			ϕ20 "PE" 管	300	2.76	828
9			水泥	10	378	3780
10			钢筋	150	6.5	975
11			胶水	1	15	15
12			ϕ63 "PVC" 球阀	2	40	80
小计						8659.04
13	排老	排老	ϕ32 "PE" 管	800	4.77	3816
14			ϕ32 "PE" 直接	4	2.8	11.2
小计						3827.2
15	也蒙	大毛坡	ϕ32 "PE" 管	500	4.77	2385
16			ϕ63 "PE" 管	130	21.1	2743
17			ϕ50 外丝消防栓	4	45	180
18			ϕ63 "PVC" 内丝直接	4	10	40
19			ϕ63 "PE" 弯头	4	15	60
20			ϕ63 "PE" 三通	3	17.76	53.28
21			ϕ63 "PVC" 管	4	24	96
22			消防带	100	7	700
23			节扣	5	30	150
24			水枪	2	30	60
25			胶水	1	15	15

续表

序号	村	组	工程材料	数量	单价	金额
小计						6482.28
26	里勇		ϕ32 "PE" 管	3000	4.77	14310
27			ϕ63 "PE" 管	130	21.1	2743
28			ϕ20 "PE" 管	500	2.76	1380
39			ϕ63 "Pvc" 内丝直接	3	10	30
30			ϕ50 外丝消防栓	3	45	135
31			ϕ63 "PE" 三通	2	17.76	35.52
32			ϕ63 "PE" 弯头	3	15	45
33			ϕ32 "PE" 直接	10	2.8	28
34			ϕ32 "PVC" 球阀	2	17	34
35			ϕ63 "PVC" 球阀	2	40	80
36			胶水	1	15	15
37			水枪	1	30	30
38			节扣	2	30	60
小计						18925.52
39	小乌	党约也鸟	ϕ63 "PE" 管	780	21.1	16458
40			ϕ50 外丝消防栓	4	45	180
41			ϕ63 "PE" 三通	4	17.76	71.04
42			ϕ63 "PE" 弯头	4	15	60
43			胶水	1	15	15
44			ϕ63 "PVC" 管	4	24	96
45			ϕ63 "PVC" 内丝直接	4	10	40
小计						16920.04

续表

序号	村	组	工程材料	数量	单价	金额
46	小乌	岩塘	ϕ25 "PE" 管	2500	3.76	9400
37			ϕ20 "PE" 管	1600	2.76	4416
48			ϕ25 "PE" 直接	10	2.67	26.7
49			ϕ20 "PE" 直接	5	2	10
50			ϕ25 "PE" 三通	3	3	9
51			ϕ25*ϕ20 "PE" 三通	5	3	15
52			ϕ20 "PE" 三通	15	2.6	39
小计						13915.7
53	背略	上背略	ϕ25 "PE" 管	200	3.76	752
54			ϕ20 "PE" 管	200	2.76	552
55			ϕ20 "PE" 三通	20	2.6	52
小计						1356
56	背略	下背略上寨	ϕ25 "PE" 管	750	3.76	2820
57			ϕ20 "PE" 管	300	2.76	828
58			ϕ25 "PE" 直接	4	2.67	10.68
59			ϕ20 "PE" 直接	20	2	40
小计						3698.68
60	背略	下背略下寨	ϕ20 "PE" 管	500	2.76	1380
61			ϕ20 "PVC" 管	32	3	96
62			ϕ20 "PVC" 弯头	64	2	128
63			ϕ20 "PE" 三通	20	2.6	52
64			胶水	1	15	15
小计						1671
65	背略	平寨	ϕ25 "PE" 管	800	3.76	3008
66			ϕ20 "PE" 管	300	2.76	828
67			ϕ25 "PE" 直接	4	2.67	10.68

续表

序号	村	组	工程材料	数量	单价	金额
小计						3846.68
68	乌达	也吉	φ25"PE"管	600	3.76	2256
69			φ25"PE"直接	3	2.67	8.01
小计						2264.01
70	乌空	阶力	φ25"PE"管	1000	3.76	3760
71			φ20"PE"管	800	2.76	2208
72			φ20"PE"三通	35	2.6	91
73			φ25*φ20"PE"三通	10	3	30
小计						6089
74	乌空	老寨	φ25"PE"管	800	3.76	3008
75			φ63"PE"管	130	21.1	2743
小计						5751
合计						93406.15

第五节 人饮消防工程

从 1995—2008 年共建成人畜饮水及消防水池 64 口 125 立方米，高位水池 67 座 1865 立方米，消防水池 4 口 32 立方米。铺设管道（含重建）124.784 千米，已实施 63 个小组，占 97 个小组的 64.95%，覆盖 98 个自然寨，占 135 个自然寨的 72.59%；受益 1705 户 7476 人，解决 7827 头牲畜的饮水困难问题。附设消防栓 123 套，水枪 61 支，水带 154 根。共投入资金 154.5035 万元，其中国家补助资金 139.0525 万元，自筹资金 15.451 万元。截至 2009 年 6 月，尚有 9 个村 34 个小组 37 个自然寨 769

户3384人饮水未得到人饮工程改造。

村组	建设性质	户数	人口	时间	高位水池	国补
上下马人饮	新建	61	257	1996.7	2	3000
平寨人饮	新建	27	129	1995.4	1	5000
也蒙人饮	新建	37	188	1996.1	1	6000
五一人饮	新建	15	69	1997.3	1	1200
达落人饮	新建	36	146	1998.1	1	5000
刘家人饮	新建	20	75	1998.1	1	3000
上高劳人饮	新建	27	123	1998.3	1	12000
阶立人饮	新建	45	218	1998.2	1	8000
下背略人饮	新建	32	163	1998.4	2	8000
乌塘人饮	新建	15	78		1	
党牛人饮	新建	13	58		1	三组30000
桐籽地人饮	新建	16	74		1	
也午人饮	新建	16	60	2005.3	1	
排倒人饮	新建	25	122	2005.3	1	二组3000
同业人饮	新建			2002.12	1	4700
岩塘人饮	新建			1999.12		5975
党约人饮	新建	60		2002.1	1	20000
党八人饮	新建	15	68	2006	1	
上下马人饮	重建	61	157	2006	2	四组160000
政府人饮	续建	60	300	2006	1	
庞家人饮	新建	40	165	2006	2	
乌达人饮	新建	33	138	2001	1	
也吉人饮	新建	20	92	2002	1	
上背略人饮	新建	40	170	2002	1	9000
党哔人饮	新建	21	100	2005	1	20000

续表

村组	建设性质	户数	人口	时间	高位水池	国补
黄土人饮	新建	36	192	2006	1	
排老人饮	新建	33	153	2003	1	
大山人饮	新建	19	95	2006	1	5700
也蒙人饮	续建	37	188	2003.6	4	
古月人饮	新建	29	132		1	
水利人饮	新建	24	93		1	
岩门人饮	新建	11	49	2006	1	
大毛坡人饮	新建	70	320	2002	1	18500
乌空人饮	新建	70	319	2004.3	1	18720
乌空人饮	续建	70	319	2006	1	
老寨人饮	新建	29	136	2006	1	
阶立人饮	续建	45	218	2006	1	
党务人饮	新建	21	87	2002.1	1	11100
同乌人饮	新建	63	282	2004.3	1	37570
里勇人饮	新建	107	464	2002.6	1	
乌达牛场	新建			2002.11	1	26800
里勇达勒街	新建	63		2004		26214
达地中学	新建	40	400	2005.3	1	28000
古月人饮	重建	29	132	2004.5		5600
水利人饮	重建	24	93	2004.5		4449
大竹山人饮	新建			2008	1	
大坪山人饮	新建			2008	1	
大坳人饮	新建			2008	1	
龙塘一组	新建			2008	1	九组 280000
龙塘二组	新建			2008	1	

续表

村组	建设性质	户数	人口	时间	高位水池	国补
排松人饮	新建			2008	1	
大寨人饮	新建			2008	1	
汪术人饮	新建			2008	1	
高略人饮	新建			2008	1	
老街人饮	新建	12	70	2009.2	1	12000

第四章 农业机械

达地 1985 成立农机站，在编 1 人，自建站至 2009 年 6 月，站长一直由白贞文担任，负责全乡农业机械推广和农机运输工具的管理工作。

一、农机具

手工工具：锄头、打耙、镰刀、摘刀。

运输工具：米箩，1985 年后出现手推车和拖拉机。

二、畜力工具

有犁、耙、马车。畜力工具构造简单方便，是山区农民主要的耕作工具。

三、动力机械

达地动力机械有柴油机、汽油机、水轮泵等。

1985—2009 年间，达地有中打米机 2222 台，饲料粉碎机 1117 台。全乡共有拖拉机 23 台 623.74 千瓦，耕整犁田机 26 台 503.36 千瓦，其他电动机 2151 台 5896 千瓦。

1985 年 5 月县农机局派技术员到达地培训农机人员 30 人。1993 年雷山县农机加油站达地代供应点（农机站）在达地供应。

林业篇

第一章 森林资源

第一节 资源调查

森林资源规划设计调查（以下简称"二类调查"）是查清森林、林地和林木资源的种类、数量、质量与分布，综合分析与评价森林资源与经营管理现状，掌握森林、林地和林木资源动态变化，评价森林生态环境，提出森林资源经营、培育与利用意见的基础性工作。

2004年，在县林业局的统一部署下，3名专业技术人员对达地乡行政区域进行了森林资源的调查工作。调查工作自2004年11月启动，至2006年10月全部结束，历时22个月。通过各村的协调配合和广大调查人员的艰苦努力，圆满完成了达地乡第三次森林资源规划设计的调查工作，为建立和更新森林资源与森林生态环境资源档案，建立森林资源地理信息系统及森林资源监测体系，制定森林采伐限额，实施森林分类经营，实行森林生态效益补偿和森林资源资产管理，指导和规范森林科学经营提供了重要依据。

第二节 林 区

复杂多样的地质、地貌、气候、土壤条件造就了达地乡种类繁多的植物资源。木本乔木主要有杉科杉木属、松科、壳斗科、樟科、山茶科和木兰科等；灌木主要是小果南烛、白栎、毛栗、杜鹃、金丝梅、盐肤木等；草本植物则主要是五节芒、铁芒箕、蕨类、白芒、狗脊、野古草等。

按照中国植被分类系统，乡境内的森林植被可划分为7个植被型组，即常绿阔叶林、常绿阔叶混交林、落叶阔叶林、针叶纯林、针阔混交林、灌木林、禾本灌草丛。

常绿阔叶林：主要集中在大坪山，木本植物主要由壳斗科、山茶科和木兰科等组成。这种植被类型被破坏程度较小，林分布密度高，优势树种天然更新能力强，林型稳定。

常绿阔叶混交林：主要集中在大坪山外边远地带，为常绿阔叶林被破坏后自然演变而成。木本植物主要由壳斗科、山茶科、木兰科、阳性落叶阔叶树种枫香、光皮桦、麻栎等组成。

落叶阔叶林：主要集中在大坪山以及边远地带，为常绿阔叶混交林被再次破坏后自然演变而成，枫香、光皮桦、麻栎、化香等阳性落叶阔叶占据了优势地位，而壳斗科、樟科、山茶科、木兰科等则变成了林下植被。

针叶纯林：全乡均有分布，是我乡的主要植被类型。本类型主要有杉木纯林和马尾松纯林两种。杉木纯林绝大部分为人工栽植而成，马尾松纯林一部分是人工栽植而成，一部分是原生植被被严重破坏，由生命力特强的马尾松母树飞籽繁殖天然更新演变而成。

针阔混交林：分布在全乡范围内，为落叶阔叶林被继续破坏后人工栽植杉木、马尾松天然更新而形成。

灌木林：全乡均有分布，主要是因落叶阔叶林、针阔混交林、针叶纯林被砍伐后未及时更新而形成。

禾本灌草丛：为灌木林被再次破坏后，木本植物的自然更新能力不足，禾本草占据优势而形成。

第二章 森林培育

第一节 禾种育苗

近几年，我乡育苗落后，用苗基本上是外调，2007～2008年育苗30亩，全乡共产苗木160万株，种类主要有杉木、马尾松等。

达地做好生态林保护，加大植树造林力度，积极实施退耕还林工程和防护林工程。其中2002～2006年共实施退耕还林39254.2亩。2007～2008年全乡完成造林1169.05亩，其中退耕还林补植71.25亩，商品林采伐迹地更新171.3亩，木姜子基地28亩，灾后重建补植5688.5亩。

第二节 迹地更新

自1995年，全乡陆续实施了九万大山绿化造林工程、天然林资源保护工程、退耕还林工程、防护林体系建设工程等林业重点工程，1995～2005年全乡共完成林业重点工程建设2.6万亩，完成计划的103.0%，其中人工造林0.75万亩，封山育林（含以封代播和人工促进）1.8万亩。在进行育林造林的同时，于2001年开始聘请各行政村的村民（每村聘请1名）为护林员进行天保工程森林管护工作，育林造林和森林管护双管齐下，全乡森林得到了良好的休养生息。

第三节 水土保持

在达地乡2004年二类专门调查中，由于我乡地形破碎，坡耕地和稻田交错分布，故本次调查对与稻田交错的、已部分退耕的、面积不大的、与25度以下坡耕地交错的，25度以上的坡耕地不作区划，所以区划下来，集中连片且坡度在25度以上的坡耕地面积只有70.6公顷，但实际上25度以上坡耕地的面积要比区划出来的面积要多得多。在区划出来的25度以上的陡坡耕地70.6公顷中，陡坡（26～35度）耕地60.2公顷，占85.5%；急坡（36～45度）10.4公顷，占14.5%。根据本次调查，达地乡基本无石漠化土地。

第三章 森林保护

第一节 防　　火

　　乡人民政府对护林防火非常重视，每年在防火期（当年的10月到第二年的5月）都发布公告，防止森林火灾的发生。自2008年起，由于雪灾的影响，在全乡范围内开展了"两防"工作，即在防火戒严期，禁止一切野外用火，落实行政领导责任制，搞好队伍建设和基础设施建设，强化宣传教育，加强野外用火管理，做到严密防范、严格管理。管住重点人群，即痴、呆、傻、精神病等智障人员、中小学生、林区作业人员等是森林防火工作中需要管住的重点人群，强化宣传教育，落实监管责任，确保不漏一人。此外，乡政府还加强宣传教育，提高全民防火意识。乡党委、乡人民政府把防火宣传教育作为森林防火工作的第一道工作来抓，采用播放消防光碟、张贴标语口号、发放明白书等多种方式，切实搞好森林防火宣传教育。此外，在全乡范围内加强林火预警监测。各村、自然寨要建立专职防火巡逻队伍，加强对森林的巡查，制止和查处野外烧荒、烧田坎、烧秸秆等违规用火行为。护林员要统一佩戴森林防火红袖标和上岗证，开展全天候巡查、瞭望，并做好记录。

第二节 防病虫害

森林在整个生长发育过程中,经常遭受各种病虫害的危害。据雷山县检疫站统计,达地乡主要的病害有杉木细菌叶枯病,这类病大多发生在海拔低的地方。如松材线虫病,油茶炭疽病等。虫害主要有象鼻虫、马尾松毛虫等。达地乡的检林木疫工作由乡林业站负责。

第四章 森林利用

第一节 商品木材

在全乡林地中，有林地1396顷，疏林地10.8公顷，灌木林地19.2公顷，未成林造林地187.6公顷，无立木林地0.5公顷。

第二节 自给性用材

根据上级林业主管部门下达的每年采伐指标，把民用材发放给急需建房的农户。

第三节 林副产品

达地乡域内有丰富的林副产品资源，主要有水果类、油桐籽、油茶、木耳、香菇、木姜子、五倍子等，但都不成规模。近几年，在乡党委政府狠抓茶园建设，先后建立有高车茶场、大坪山茶场等一批有规模的茶叶基地。

第五章 管 理

第一节 林 政

达地乡林业站负责森林资源动态监测和调查统计,提出森林资源保护的意见、措施和办法,审核并监督森林资源的使用,监督林木、竹林的凭证采伐、运输、加工,指导基层林业工作机构的建设和管理,依法管理林地、林权,审核征占用林地,监督林地开发利用工作。2008年审批急需建房43户,涉及高车、小乌、野蒙、乌达、背略、排老、乌空、达勒、达地村,蓄积800.2507立方米。

第二节 林 权

达地乡的林业用地面积为4870.8公顷。按林地所有权分,全部为集体山林;按林地使用权分,还未"分山到户",仍由村集体经营的林地面积为723.3公顷,占14.85%,已承包到户的为4147.5公顷,占85.15%。所以在生产经营上,商品林的经营主要是以农户的独户经营为主,村组集体经营和农户联营为辅,村集体林场很少,规模经营能力不足。在公益林的管护上,村、组、户三管齐下,都是管护的责任主体,乡级林业主管部门只从政策层面进行引导和管理。

结合我国 2008 年集体林权制度改革的推广,达地乡实行集体林权制度,改革森林、林木和林地确权发证办法,统一操作规程,乡集体林权制度改革领导小组办公室根据《雷山县集体林权制度改革实施方案》,结合本乡实际,制定了《达地乡集体林权制度改革实施方案》。2009 年 6 月进入发证阶段,但是仍然有小部分权属不清未能发证。

第三节 管理机构

达地乡林业主管部门是达地水族乡林业站,负责营林、林政资源管理、种苗、木材检查、林业综合行政执法、林木检疫、林业科技推广等。2009 年达地水族乡林业站有 2 名事业人员编制,实际在岗职工 3 名。

工业交通城建篇

第一章 工 业

第一节 矿产种类及分布

达地矿产资源有锑、铅、锌、钢等。主要分布在大坪山、八宝山和乌王沟。主脉长2—3千米，厚度0.12—0.3米之间。

达地没有矿产冶炼及加工工业。1958年"大跃进"时期，曾收购各家各户的废铜烂铁大炼钢铁。

第二节 电 力

1973年3月动工修建达地电站，1984年6月正式输电，前后历时9年。电站位于小乌河与乌达河交汇处，引用小乌河水，站址以上集雨面积10平方千米，引流量0.3立方米/秒，装机250千瓦，最高输出电力70千瓦，由县水电局设计、施工和安装。电站主要水工项目有拦河坝1座，坝高2.2米，轴长30米。引水渠长918米，砖木结构厂房面积80平方米。压力管道长264米，管径0.5米。10千伏安输电线路19千米，完成土石方11248立方米，混凝土210立方米，总投资36万元。电站供小乌、乌达、达勤、高东、排老、背略、野蒙等7个村照明及小型加工机械用电。枯水期供电严重不足，秋、冬季一般每天只能在晚上6点至9点供电。

1998年雷山供电局和达地政府组织人力将国家电网从永乐引到达地,村村寨寨用上国家电网电力。

2007年雷山县供电局投资1156万元,由黔东南州第二施工队设计和安装,在野蒙村大毛坡屋脚修建装机1200千瓦的水电站。站址以上集雨面积35平方千米,引流量0.8立方米/秒,利用水头高度110米,2007年4月动工,2008年11月正式输电,最高输出电力650千瓦。电站主要水工项目有拦河坝1座,坝高2.7米,轴长26米,引水渠长4593米,途中有隧道225米,砖木结构厂房280平方米,压力管道163米,管径0.8米,该电站电力与国家电网合并。

第三节 建　　材

一、建材资源

黏土：储量约为135万吨,主要分布在小巫、乌达、达勤等村,可烧砖瓦,但比较分散。

砂石：砂石储量约96万立方米。主要分布在达地至塔石、达地至雅灰、达地至乌空公路和背略河河滩地段,有青石、鹅卵石和水冲石砂,可直较用于建筑或经过开挖、粉碎后再用于建筑。

二、其他建材

主要有水泥、砖瓦、玻璃、油毡、瓷砖等。

第四节 轻手工业

一、粮油加工业

20世纪70年代前,各村寨均有水动碾米房,一座碾米房日加工糙米 200 千克。70%的家庭有石磨或石碓，主要用于制浆和加工面粉。1972—1979 年达勒村韦家组置有一座水动赶面机，日加工面条 300 千克。1965—1975 年达勒村河边组建有木制水动锤式榨油机一座，日加工菜油、茶油 350 千克。1976—1980 年达地公社于乌达村同吉组对面河坎处，建有水动油桐榨油机一座日加工桐油 400 千克。1983 年粮站设有柴油机、打米机、榨油机和赶面机。电力充足后大部分家庭备有小型打米机。

二、印染业

"民国"三十年（1941）乌空村阶力寨王治成开印作坊，新中国成立后仍继续营业至 1968 年。此外有农民自办印染小作坊 13 家，印染布料基本上是家织棉布。染料取自当地自产的蓝靛加水牛血，染出的布料有深蓝色、酱紫色和深黑色几种，色泽油光滑亮，独具特色。

三、木器业

从 1986 年开始，达地设有私营木器作坊 1 家，有职工 2 人，以来料加工为主，为用户加工木制家具，包括箱、柜、桌、椅、凳、沙发、床等，此外还自己采集原料制根雕。家具及根雕手工精细，结实牢固，雕刻精美，富有民族特色。

四、铁器业

1979—1984 年草坪杨氏兄弟在达地开设铁制农具作坊，职工 2 人，以来料加工铁制农具为主，加工品种主要有锄头、钯、镰、犁和其他刀具。

第二章 交　　通

第一节 古　　道

　　1972年前达地境内没有公路，群众靠肩挑背扛，步行高岩陡坎，运输极为困难。当时的交通要道有三都县从上江府经羊福至达地老街，再经达地老街过小乌、上马、大坪山苗民反清遗址至平永。路面用鹅卵石铺成花街，防滑耐蹋，总计135千米。

第二节 公　　路

　　达地水族乡距离县城86千米，是雷山最边远的一个乡镇。境内山高坡陡谷深，1972年4月通车，途经乌达村至乡政府驻地达勒村，通往塔石至雷山只有一个出口。2001年小乌村人工开通通村公路，全乡余下7个村没有通公路，群众物资运输全靠肩挑背扛，严重制约达地社会经济的发展。其他未通公路的村距离乡政府近则几千米，最远20千米。

　　面对落后的交通状况和群众艰苦的生活条件，历任乡党委书记李剑、刘俊，历任乡长刘平库和在任乡党委书记、乡长吴文学等党政领导决心改变达地落后的交通现状。他们一边深入农村动员群众集资，一边积极向上级反映达地交通情况。在得到县委、县政府领导的高度重视和县交通部门大力支持下，通过国家投资与群众联保贷款集资相结合的办法，2004年开始聘请挖掘机进场开路，至2005年9月，全乡7个未通公路的村全部实现通路。近两年，达地新增通村公路里程42.4千米，通村公路覆盖率达100%。达地"穷人不穷志""想要富先修路"成为全乡人民的共识。为改变肩挑背扛的历史，群众强烈要求乡政府帮助争取乡村公路配套资金并主动集资修建通组公路。在县委、县政府和县交通部门领导的关心下，2005年开始陆续开挖通组公路，最多时有4台挖掘机同时施工，呈现一片繁忙的修路景象。截至2009年6月共修建通组公路60多千米，全乡85个村民小组，122个自然寨实现了通公路，村民小组、自然寨公路覆盖率分别为89.4%和90.4%。乡党委、政府还积极争取项目资金，修通乡际公路和茶叶产业示范基地公路20.2千米。打通了达地至三都县巫不乡、羊福乡和丹寨县雅灰乡的通道，新开辟了达地的西面、南面和西南面三个方向出口。新修了大坪山、高车、野蒙三大茶叶示范基地公路，为发展壮大达地茶叶产业奠定基础。

　　截至2009年6月，全乡公路通车里程达131.6千米。在党阳光政策的照耀下、各级领导关心支持以及全乡人民共同努力下，达地乡近5年所修公路里程是新中国成立60年前55年的12倍。昔日达地的羊肠险道如今已变成四通八达的公路交通网，极大便利了人民群众的生产生活，有力促进了达地小城镇建设和经济社会发展。但是直至2009年6月，达地至塔石公路一直得不到改造，路面仍旧是坑坑洼洼的泥沙路。另外，厦蓉高速公路榕江县三江乡四格出口距达地仅20千米，由于乡政府没有资金连接只能望而止步。

一、公路修筑
（一）县内公路

　　塔（石）达（地）公路由榕江县塔石水族瑶族乡经乔桑至达

地，全程20千米，其中达地境内9千米。途中有永久性桥梁3座，长68延米。1958年雷（山）榕（江）公路指挥部塔石工区派技术员测量设计塔石乔桑段，由乔桑公社组织民工修建。1959年凯里县永乐公社组织民工建成塔石磴木面桥。1960年冬至1962年6月，由达地公社和乔桑公社两次组织民工施工，8月份塔石至乔桑段竣工通车。1966年10月，由州交通局测量设计，同年11月组织民工700余人施工，后因"文化大革命"干扰停建。1968年永乐区再次组织施工，1969年3月修通桥豪坳，同年8月由省交通设计院第三测量队测量，再次组织民工修建，1972年4月全线竣工通车，为县内简易乡村公路。

（二）州、县际公路

（1）达地至乌不公路：由达地水族乡经红卫、达落、宋家、排老、新寨、岩门、古月、凯辽、排兄、阶力、马空、老寨、也辽，连接乌不路段于乌庆，再经乌你、姚排、姚帅至黔南州三都县乌不乡政府驻地。途经排老、野蒙、乌空3个村，全程33千米其中达地境内23千米。2003年3月达地境内由达地乡政府派员测量。群众每千米集资1.5万元，其余部分由国家补助，4月开始人工修建，7月改用挖掘机修建，2006年3月全线竣工通车。途中开有黄土寨、大山、阶调、大毛坡及也蒙等5条支道。乌不段于2005年3月动工，同年12月底建成并铺砂，达地段2007年由县交通部门铺砂改造路面、铺设涵管，属州际公路。

（2）达地至雅灰公路：起于塔达公路小乌处，经排敌、达杀、乌高、党约、也鸟于6.3千米处连接雅灰路段，经夺乌场坝、排路、杀一河边、也当至丹寨县雅灰乡，全长32千米，其中达地境内6.3千米。该公路于2004年动工，2005年竣工，属县际公路。

（3）达地至羊福公路（2条）：该公路2002年测量，宋家至大竹山组段由大竹山组按每公里1.5万元集资，再由国家补助，于2005年6月动工,7月底竣工。大竹山至冷坳段由县政府投资,乡政府组织实施,于2006年3月动工,5月竣工。途经红卫、达洛、宋家、大竹山、老街、排外至黔南州三都县羊福乡政府驻地。达羊公路2006年5月实现全线通车。全长17千米,其中达地境内7千米。达地境内属简易乡村公路,羊福境内镶边并铺砂。另外一条是起于塔达公路小乌桥处,经排敌、达杀、乌高、党约、也乌、小里勇、大里勇至羊福乡政府住地,全长21.6千米,其中达地境内13千米,属州际公路。

(三)乡内公路

(1)背略村公路:由乡政府驻地经上背略、党咩、大坳、大坪山、大坪山茶场(亦为苗民反清古战场)、楠木、桥豪、桥豪坳茶场连通塔达公路于长湾。途中有3条支道,分别由上背略经下背略至平寨;党咩经汪述、皆略至大寨;由皆略至排松,由大坳至龙塘一组,由龙塘一组中段至龙塘二组。该公路由乡政府组织测量设计,原来由背略村两委组织村民投义务工,用手工工具修建1.7千米,其余部分由村民按每千米1.5万元集资,不足部分由县交通局补足。2004年3月由乡政府组织挖机修建,2005年11月实现通组公路。长湾至桥豪坳茶场路段1975年建成,桥豪坳茶场至大坪山组路段由县政府全额投资,达地乡政府组织实施。始建于2007年4月,2009年3月中旬竣工通车。

(2)乌达村组公路:由村民按每千米1.5万元集资,不足部分由县交通局补足,测量设计由乡政府派员进行,于2005年3月启动,2009年3月竣工,全程8.5千米,全村实现组组通公路

(3)高车村组公路:高车村公路起于小乌大拱桥,经小乌组、卡力组至高车小学,全长2.1千米。同时桐子地、乌塘、乔社、大竹山一组、大竹山二组、韦家湾、羊五、五一、也伍、新华、党牛12个村民小组11个自然寨继续集资修建通组公路,至

2009年3月该村实现组组通公路。2008年政府投资20多万元专门为高车茶场修通公路1.8千米，修通高车至丹寨公路2.2千米。

（4）其他村通组公路：自2004年5月聘请挖掘机进场修建通村公路以来，没有住在通村公路附近的群众积极集资修建通组、通户公路。全乡以通村公路主道为中心，陆续向各个小组、自然寨修建通组公路。截至2009年6月，全乡10个行政村的97个村民小组中有10个小组尚未通公路，分别为：乌空村的上排兄，达勒村的岩脚、刘家、旁家、韦家，排老村的半坡组，达地村同鸟河边组。而背略、乌达、高车、里勇四村组组通公路。

二、公路养护

1973年10月，建立县群养公路养护工区，负责划属群养的县、乡公路的养护工作。是年接养塔达公路。塔达公路设有高枧、上卡力两个养路道班，有养路工7人。1983年撤除后，塔达公路的养护由交通局养护段负责。2005年开始由交通局每年划拨2万元养护资金，由达地政府组织养护。其他村组公路由村组自管自养，乡政府只作指导。

第三节　桥　　梁

一、公路桥梁

（1）塔石桥：在榕江县塔石乡与雷山县永乐镇乔桑交界处，跨永乐河，为塔达公路桥。长40延米，单孔跨径29.7米，桥高11.7米，桥面净宽6米。构造为钢筋混凝土双曲拱桥。由乔桑、达地公社组织民工施工，1973年2月建成。国家投资4万元。

（2）背略桥：在乡政府驻地东西方向，跨背略河，为通往背略的公路桥。2005年由黔东南州公路管理局工程师包正荣设计,2006年由雷山县建筑二队施工。单孔跨径23米,桥高13.6米,桥面净宽6米,人行道宽2米,2006年底建成。国家投资14万元。

(3)小乌一桥:在乡政府驻地北面1.5千米处,跨小乌河,为塔达公路桥。1971年由达地公社组织民工修建,1972年3月建成。单孔跨经6.8米,桥高9.3米,桥面净宽6米,构造为混凝土双曲拱桥。国家投资5000元。

(4)小乌二桥:在距乡政府驻地北面2千米的小乌村小乌组处,跨小乌河,为达雅公路桥,长15延米。单孔跨径8米,桥高5.8米,桥面净宽7.5米,构造为混凝土单拱桥。由小乌组村民修建,2004年建成。国家投资1.5万元。

(5)达杀河边桥:在距乡政府驻地西北面3.9千米处,跨小乌河,为达雅公路桥。桥长23延米,跨径15米,桥高5.6米,桥面净宽8米,构造为混凝土单拱桥。由县交通局组织修建,2007年4月建成。国家投资13万元。

(6)排老公路桥:在距乡政府驻地东南面6.3千米处,为达地至乌不公路桥。桥长14延米,跨径7米,桥高5.3米,桥面净宽7米,构造为混凝土单拱桥。由县交通局组织修建,2006年5月建成。国家投资5万元。

(7)野蒙公路桥:在距乡政府驻地南面12.8千米处,为达地至乌不公路桥。桥长16延米,跨径8.5米,桥高6米,桥面净宽7米,构造为混凝土单拱桥。2006年7月建成。国家投资7万元。

(8)乌空公路桥:在距乡政府驻地南面18.5公里处,跨乌空河,为达地至乌不公路桥。桥长22延米,跨径8.5米,桥高9.8米,桥面净宽8米,构造为混凝土单拱桥。由县交通局组织修建,国家投资16万元,2009年3月建成。

二、人行桥

（1）仙人墩桥：在乡政府驻地东面背略公路桥旁50米处，钢筋混凝土结构，未通公路前为背略村以及三江往来达地要桥。桥长38米，高13米，宽2米。1998年建成，地方财政投资2.8万元。

（2）小乌学校桥：位于小乌村达杀河边组，跨小乌河，为小乌村达杀、党赖、乌高、党约及也鸟组和雅灰乡群众往来达地的必经桥。桥长13米，高4米，宽1.8米，钢筋混凝土结构。2005年由小乌村组织建成，地方财政投资1.8元。

第三章 邮政通信

第一节 邮　　政

一、邮递线路

1961年10月，达地成立邮电所，归公社管理。邮路线路为凯里—雷山—大塘—永乐—达地，其中永乐—达地为步行邮递。1972年塔达公路开通后改为自行车邮递，每周一递。1993年班车正常通行后改为汽车邮递，每日一递。

二、邮政业务

(1) 包裹：自行车邮递时期包裹由邮递员直接交递。汽车邮递后，改为直接在邮电所邮取。

(2) 汇兑：汇兑款必须到永乐邮政支局办理。为方便群众，2005年后，永乐邮政支局工作人员每逢赶集天带1万—2万元到达地办理取款业务，每场每户最高限额取款1000元。

(3) 报纸杂志发行：达地报纸杂志征订工作直接在邮电所办理，报纸递送由邮递员直接上门服务。达地报纸杂志征订的客户主要有政府各部门、学校、村两委和干部职工，一般群众和社会团体征订报刊杂志较少。

(4) 信件：达地远离县城，交通不便，通程控电话时间比较晚，电话覆盖率低。2003年达地开通移动业务以前，信件成为达地人民与外界交流的主要工具。每逢赶集天，人们都到邮电所收寄信件或者收发电报,挤得邮电营业厅水泄不通。随着程控电话、移动、联通进入达地市场,信件交流逐步电话交流被取代。2005年后,信件主要以特快、挂号信为主,民间通过邮寄平信交流大为减少。

历届邮递人员:白贞国、赵兴元、刘文绪、赵兴烈、潘再田、桂良、任勇。

第二节 电 信

达地电信与邮政历来为一家,统一在邮电所内办公。直至2009年1月1日,电信与邮政分家,邮政在原来老邮电所办公,电信搬到欣欣街新办公楼办公。电信独立出来后主要从事有线电话、无线电话和宽带业务等。

一、有线电话

1961年达地开始安装20门磁石交换机1台,1987年更换为30门交换机。1998年达地开通程控电话,最初安装程控电话70多门。截止2009年,达地程控电话用户达280多户,其中达勒、乌达、小乌3个村的部分小组农户用上了程控电话。

二、电信移动座机

2003年电信搭借移动平台开展电信移动座机业务。至2009年,达地移动电信座机用户达400余户,有效解决了部分边远不集中村寨的通信难问题。2008年10月,电信并购联通133、153后,电信加大拓宽达地联通市场,至2009年6月,达地133、153用户有50余户。

三、宽带业务

达地电信于 2006 年开通宽带上网业务，达地政府为达地宽带第一位客户。截止 2009 年，达地宽带网拥有用户 46 户。

第三节 移动通讯

为促进达地社会经济发展，中国移动通信公司为达地通信做出了突出贡献。2001 年 9 月，雷山移动通信分公司在达地民校后坡坡顶将原来电视转播塔改装修建为移动信号发射台，开通达地移动通讯业务。随着通讯时代的到来，人们对通讯的依赖越来越强，中国移动公司为拓展业务，2004 年 6 月和 2007 年 9 月又分别在小乌村、达地村党务组后坡各修建了一个移动信号发射塔，至此，移动公司为达地修建三个信号发射塔总投资超过 200 多万元，全乡各村均有移动电话信号覆盖。2006 年 8 月在达地开设"励业移动营业厅"，招聘鼓励大学毕业生从业，从凯里学院毕业的杨志刚同志为首任达地移动营业厅的营业员。截至 2009 年 6 月，达地手机用户达 3000 多户，移动座机用户达 900 多户，农民边种田边打电话成为现实。

在雷山县移动分公司领导的关心下，雷山县移动分公司永乐、桃江、达地片区经理杨州同志（达地小乌村，退伍军人）积极为达地争取移动通信建设项目，达地移动业务得到快速发展。

2005 年中国联通公司在达地设置信号台，开通联通移动电话业务，开设联通营业厅。但是由于联通基站少，信号覆盖面小，用户少，最多时达 200 余用户。2008 年 10 月，电信将联通 133、153 并购。

第四章 乡村建设

第一节 乡建设

一、历史沿革

"民国"时期达地乡乡驻地在达地老街。街面宽 8 米，长 132 米，用鹅卵石铺成。时有住户 48 户。1958 年政府由老街迁至达勒河边（现在政府驻地），当时河边只有几户人家，乡政府办公楼是没收地主熊金堂一栋一楼一底三间木质瓦房改造而成。街道面积 980 平方米，泥土路面。1994 年开始逐步硬化街道路面。1998 年达勒村河边组村民自发搬迁到政府驻地旁边居住，组建成欣欣街，街长 185 米，平均宽 13.4 米。2001 年欣欣街路面得到硬化。从 1984 到 1999 年，各地村民纷纷搬到街道入口公路两旁居住，形成了一条长 586 米的街道，因达地老街居民多移于此居住，取名"达地街"。2000 年达地街得以实施硬化，2001 年乡政府争取到以工代赈项目，将达勒村达勒组大部分农户和里勇村十几户农户及其他村部分农户移迁到集镇居住，分别建成"达勒街"和"里勇街"。达勒街长 163 米，平均宽 11 米，有住户 41 户。里勇街长 136 米，宽 10 米，有住户 33 户。1993 年政府再次争取到以工代赈项目，将 65 户农户移迁到里勇街往羊福方向居住，与里勇街一起合并成古瓢街。街道长 378 米，宽 10 米。移民街面均采混凝土硬化。移民住房均为二楼一底的木质楼房，房高统一为 6.5 米，宽 8 米，长 8 米，用小青瓦盖顶，二楼设有"美人靠",街道两旁设有排污沟,上盖有钢筋混凝土盖板作人行道。

2005年乡政府征得县粮食局的同意后,将达地粮站木质仓库拆除,建成农贸市场,面积1250平方米,农贸市场设有肉食市和蔬菜市场。肉食市场设有钢架棚盖,蔬菜市场为露天市场。

2006年县交通局在欣欣街头征地修建汽车站,占地2.8亩,汽车站设有停车场、候车室、售票厅及公厕。

二、乡政府主要建筑

达地解放时,乡人民政府没收大地主熊金堂（民国时期任达地乡长）一栋木质房屋作为乡政府办公楼,1958年乡政府从达地老街搬迁到达勒河边时将该办公楼搬到达勒河边,后拆到桐油坳茶场作为茶场厂房。

2000年达地水族乡党委、政府自筹资金50万元兴建一栋三楼一底砖木结构的综合办公楼,该办公楼总面积1700平方米。除林业站、畜牧站、派出所外,其他站所均设办公室于综合楼内。

随着达地社会、经济不断发展,2000年修建的办公楼已不能满足乡政府办公需要。2008年8月,在乡党委书记刘俊、乡长吴文学同志带领下,政府多渠道筹措资金130余万元在欣欣街后面修建一栋总面积1900平方米、功能齐全的四楼一底砖混结构政府综合办公楼,该办公楼于2009年年底竣工并交付使用。

三、公共设施

供电 1973年3月达地电站动工修建,1984年6月正式输电,供电能力为70千瓦。1998年11月建成永乐—达地10千伏安输变电站后,全乡得到正常供电。

供水 集镇的居民和牲畜历来是饮用井水和山泉水。集镇内有水井两口：一口位于医院后面；一口位于政府宿舍后面。部分居民用塑料管将山泉水引至家中。1999年修建自来水，水源位于乌王沟。2004年重建自来水工程，水源位于乌达村乌达河上游。

四、规划

2001年州建设局（时为乡帮扶单位）组成规划小组对达地乡进行集镇建设总体规划，2002年8月《达地水族乡集镇建设总体规划》得到州有关部门讨论通过。

第二节 农村房屋建设

农村房屋建设历来是木质结构斗板装修，多为三开间一楼一底。不同民族各有特色。水、苗族多为一楼一底吊脚楼，二楼为人居，底层内套畜圈。汉、瑶族住房多为地房，即单层楼，人畜分开。1981年前农村房屋多数为草盖或木皮盖，少部分为青瓦盖，人均住房面积5平方米，农村政策放宽后，农村房屋逐渐改良，人均面积加大，住房质量提高。2008年全乡草盖和木皮盖房屋仅有23户，人均住房面积达9平方米。

第三节 其他建筑

来佛庙：位于大坪山来佛山，清同治元年（1862年）修建，木质结构瓦房，三开间二栋，内有和尚两人，清同治七年（1868年）被湘军烧毁。

飞山公主庙：位于达地村立碑坳。建于民国初期，设有庙房一座,外设围栏和幡施。初建时香烟鼎盛,每逢初一或十五求神拜佛者、信士络绎不绝。新中国成立后除"四旧"时拆除。改革开放后在原址建有20多平方米木房,现仍有信士进香。

第四节 环境卫生

2002年乡政府聘请清洁工1名,负责街道卫生工作,起集前后各扫1次。2007年清洁工增加到5人,每日清扫街道1次。每人配胶轮手推车1辆,全乡配垃圾运输车(拖拉机)1辆。

贸易篇

第一章 商　　业

第一节　食品蔬菜

达地群众主食大米饭，困难时期用红薯、玉米等补充。粮食特别困难时期，人们采挖蕨根做淀粉补充粮食。农业政策放宽后，农村粮食富足，主食基本上是大米饭，个别人家兼用面条或米粉。

肉类主要有猪肉、牛肉、羊肉、狗肉及鸡、鸭、鹅、鱼肉等，豆腐、禽蛋作补充。

蔬菜品种主要有白菜、韭菜、青菜、旱菜、萝卜、黄瓜、红椒、四季豆、佛手瓜、南瓜、葫芦瓜、藤瓜、西红柿、马铃薯、芭蕉芋、冬瓜、香菜等。

特色食品有火烧皮牛肉，羊瘪，油榨蜂蛹，田鲤鱼拌青椒，土螺丝炒鸭以及龙爪菜、竹笋等其他野菜。

第二节　烟酒糖盐

糖　民国时期市场上只有少量的广西红糖和当地农民家庭熬制的米花糖。

20 世纪六、七十年代白糖购买多于红糖，80 年代以后，白糖和红糖市场放开，大量供应。

烟 民国时期市场上仅有旱烟，新中国成立初期逐渐有烤烟型卷烟。1985年前市场上的香烟品种只有三四种，20世纪90年代以后上市香烟品种达二三十种，旱烟仍有市场。

酒 主要是农民自酿的大米酒，酒精度一般在20—32度，浓香，微甜，入口软，后劲足。市场上还有多种啤酒、白酒，档次不是很高。

盐 民国时期，食盐基本上是由小商贩由都匀经榕江或上江肩挑贩运到达地，主要是岩盐。当时，一般人家吃不起盐，主要用草灰代替。新中国成立后，食盐作为国家补贴供应商品，绝大部分人家能正常吃上盐。1978年，为防治地方甲状腺病，一律供应加碘食盐，时为散装。1987年后，一律供应加碘精盐。1992年后，市场上供应袋装加碘精盐。

第三节 药　　材

达地山区中药材种类较多，主要有杜仲、黄檗、麦冬、天门冬、龙胆草、金银花、松茯苓、金钩藤、茜草、黑灵芝、何首乌、五加皮、淫羊藿、黄连、白芍、黄芪等。除杜仲、黄檗、松茯苓为人工种植外，其余均为野生品种，年采集量达30余吨。

第四节 个 体 工 商

1983年达地开始出现个体工商户，首批登记的有8户。1984年增加到9户。1985年有个体工商户13户。1992年有61户。2000年增加至93户。2008年有328户。其中商业247户，饮食服务业25户，修理业5户，运输业21户，手工业5户，加工业7户，其他8户。

第五节 供销合作商业

一、组织机构

1952年8月，雷山县人民政府决定建立雷山县合作社联合社筹备委员会（以下简称"县联社"）。9月，从各区、乡土改工作队抽调干部和干校学员共36名参加县联社的筹备工作，10月1日正式营业。同月中旬组建第一区（丹江）供销合作社，1952年6月建立永乐分销社（当时永乐归属丹寨县）。1953年10月，达地、桥桑两个乡划入永乐，供销业务扩大，永乐分销店扩建为区供销社，下辖达地、桥桑两个分销店。

二、供销网点

达地设置供销网点1个，归属永乐供销社，包括食品站、收购站、百货商店、饭店等。

历届供销人员：韦寿品、金玉明、刘太贵、全先知、杨胜光、唐永祥、金国庆。

三、生产生活资料供应

供销物品主要是油饼肥、化肥、农用喷粉器、农药六六六粉、布匹、日常生活用品、猪肉和陶瓷器类。

四、地方杂物回收

收购物品主要是生猪、猪肉、油桐籽、五倍子、土叶烟、牛皮、生漆、粮食、木材、杂铜、废铁、狗皮、猪鬃、棕丝、中药材、棉花、麻等。

第二章 饮食服务

第一节 饮　　食

1966年达地开设饭店1个，主营米粉、包子、馒头等。其后餐饮店陆续增加，至2009年，比较成规模的饭店有2家，临时摊点及早餐店有8家。

第二节 服　　务

1967年达地开设了理发店和旅店。理发店有职工1名，旅店有床位5个，职工1名。随着达地的经济发展，服务行业快速发展，至2009年，达地有理发店5家，旅社4家，拥有50余个床位。

第三章 粮油经营

第一节 征购议购

一、征购

1953年征购粮食,按每户常年产量计算,规定人均口粮215千克以上的即为起购点,多余部分征购。1954年,根据"多余多购、少余少购、不余不购"的原则,向农民统购粮食。1955年,实行"定产、定购、定销""一定三年不变"。1965年粮食征购"一定三年",同时实行"超产、超购、超奖"的政策。1971年实行征购"一定五年"。1985年取消粮食统购统销,改为"合同定购",粮食部门根据国家下达的定购计划与农户签订合同,在正常年景必须完成,重灾可以减免。当年雷山县被列为"贵州省贫困县"之一,免征部分公粮。截止1987年,达地共计免征公粮2万多千克。

二、议购

1962年以前,粮食议购业务由供销合作社承担。1963年10月,县人民政府决定将此业务交由粮食部门统一经营。1968年以后,粮油议销工作停止,没有议购任务。1986年以后,因受灾粮食歉收,开始从外地调入粮食。1999年以后,基本没有从外地调入达地的粮食,没有议购粮食任务,完全靠市场调节。

在议购粮食的同时,粮食部门也收购油菜籽。1962年实行

"购六留四，包干订购，超产超购奖励"。1980年以后仍实行收购基数、政策、价格、奖售"四不变"。1983年取消订购基数，按"倒四六"计价，即40%按计划收购计价，60%按超购价付款，敞开收购。

第二节　粮油销售

达地粮食交易在集贸市场内进行，群众自由交易。过去，市场粮食交易以斗（正四方形，木制）为计量单位，每斗相当于10升大米，约为25千克。

第三节　粮　仓

1954年达地老街建有5间木房粮仓，由余正国、陈守祥负责管理。1958年撤至达勒河边，由杨通学、韦秀忠、赵顺良、李芳银、罗光培、胡成茂、杨顺忠、全远奎等负责。现在国家投资修建了一栋砖混结构粮仓。

财税金融篇

第一章 财　　政

第一节　简　　介

1985年1月达地财政所从永乐区财政所分离出来,成为乡政府的一个职能部门,主要承担农业税征收、涉农资金核实发放、政府干部职工工资编审发放以及财务报表工作。2009年,达地财政所在编人员3人,其中所长1人,工作人员两人。

第二节　财政所人员情况

达地财政所工作人员情况一览表

1985年1月—1986年12月	财政所人员一名:吴碧君
1987年1月—1988年6月	财政所人员两名:何可标负责(7月调永乐营业所)、吴碧君
1988年7月—1989年元月	财政所人员一名:吴碧君
1989年2月—1992年2月	财政所人员两名:吴碧君(1993年选任为副乡长)、吴安忠(7月调永乐镇财政所工作)
1992年3月—1993年6月	财政所人员两名:王恩祥负责(1994年调雷山县财政局农税股工作)、杨胜才

续表

1993年7月—1994年8月	财政所人员两名：杨胜才负责、吴安忠
1994年9月—1994年11月	财政所人员三名：李显顺负责、杨胜才、吴安忠
1994年12月—1996年2月	财政所人员四名：李显顺负责、杨胜才（3月份调入永乐镇财政所）、吴安忠、杨晓建
1996年3月—1996年11月	财政所人员三名：李显顺负责、吴安忠、杨晓建
1996年12月—1997年11月	财政所人员四名：李显顺负责、吴安忠、杨晓建、姜启龙
1997年12月—2001年5月	财政所人员五名：李显顺负责、吴安忠、杨晓建、姜启龙、刘勇
2001年6月—2002年3月	财政所人员四名：姜启龙负责（4月调大塘乡财政所）、吴安忠、杨晓建、刘勇（4月调大塘乡财政所）
2002年4月—2003年12月	财政所人员两名：吴安忠负责、杨晓建
2004年1月—2004年2月	财政所人员两名：杨晓建负责、吴安忠
2004年3月—2006年7月	财政所人员四名：杨晓建负责（2006年调县国资办工作）、吴安忠、杨焕宇、白跃辉
2006年8月—	吴安忠任所长、杨焕宇、白跃辉

第三节　管　理　制　度

一、"乡财县管乡用"财政管理改革工作财政财务监督管理暂行办法

为了加强我乡财政财务管理，规范收支行为，更好地维护和

执行财经纪律，提高财政资金使用效益，促进财政规范、有序、高效的资金管理体系的运行，确保我乡"乡财县管乡用"财政管理改革试点的顺利运行，根据《中华人民共和国会计法》、《中华人民共和国预算法》、《雷山县乡财县管改革实施方案》和相关法律、法规以及《雷山县"乡财县管乡用"财政管理改革工作财政财务监督管理暂行办法》，结合实际，特制定本办法。

（1）撤销乡政府所属部门的所有银行账户，重新开设专户，统一管理。

（2）按《雷山县"乡财县管乡用"财政财务监督管理办法》，在我乡信用社重新开设"结算存款账户"，用于核算财政综合预算收支，"结算存款账户"支付凭证使用预算拨款凭证和一般预算缴款书。同时另开设"收入待解账户"、"代发工资账户"、"一般支出账户"和"专项支出账户"，分别用于所有非税收入的汇集及上缴、工资发放、政府及所属部门财务收支和专项资金收支管理。

（3）乡"代发工资账户"、"一般支出账户"和"专项支出账户"之间原则上不能互相划转资金，如遇特殊情况确需划转的，必须向财政局预算股申请，由财政局预算股出具书面证明后，开户行才能办理划转手续。

（4）对"一般支出账户"实行限额管理，月末存款余额高于分月用款计划额度的部分，抵减下月用款额度。

（5）每旬次日向县财政局预算股报送与信用社核对无误的各银行存款账户余额表，并附银行存款余额对账单和银行存款余额明细组成情况。

二、财务管理内部牵制制度

为了加强我乡财政所的财务管理，保证财政资金安全有效使用，使我乡"乡财县管乡用"试点工作有效推进，特拟定本制度。

1. 会计人员的配备

财政所设乡镇财政结算会计1名，综合业务管理员1名，出纳员1名。

2. 印鉴管理及取款程序

各账户在银行均应预留财务专用印章及财政所负责人、乡镇财政结算会计（或综合业务管理员）、总出纳印章。财务专用印章由乡镇财政结算会计保管，私人印章必须分开自行保管；取款由出纳员填制取款凭证，由综合业务管理员盖财务专用章，财政所所长加盖负责人印章，交与出纳员加盖出纳印章后，方可取款。

3. 会计核算

（1）按《会计法》有关会计制度的规定及时、正确核算实际发生的各项经济活动。

（2）会计核算凭证必须以审核无误、内容完整、真实、合法的原始凭证为依据，签章须齐全，方可传递。

（3）按时（月终后五日内）编报内容完整、数字真实、说明分析清楚的会计报表，并附银行对账章，经负责人签字并盖章后报有关领导及单位。

4. 资金管理程序

单位实现的资金收入（行政性收费、罚没收入）必须当月存入"收入待解账户"，由报账员填写一式两份票据使用结账单。

第四节 财政收支预算执行情况

一、财政收支预算执行情况（2002—2008年）

（一）2002年度财政收支预算执行情况

1. 财政预算收支任务

根据县人民政府《关于印发〈雷山县乡镇财政管理体制试行办法〉的通知》（雷府发［2002］6号）以及雷财预字［2002］06号文件精神，分配给我乡2002年财政收入任务数为26.11万元。其中财政部门组织收入25.89万元，即农业税23.06万元，农业特产税1.2万元，耕地占用税0.75万元，契税0.15万元，国有资产经营收益0.05万元，行政性收费0.08万元，罚没收入0.1万元，其他收入0.5万元；地税部门组织收入为0.22万元，即房产税0.06万元，印花税0.01万元，屠宰税0.15万元。

2002年度我乡财政预算支出基数为51.24万元，预算追加28520元，预算支出合计数为54.092万元。

2. 财政收支执行完成情况

截至2002年年底，我乡完成财政收入任务为27.61万元，占年度任务数的106％。其中，财政部门组织收入完成27.0525万元，占年度任务数的104％，即农业税23.06万元，农业特产税1.168万元，耕地占用税1.727万元，契税0.143万元，其他收入0.9545万元。地税部门组织收入完成0.5575万元，均为屠宰税，占年度任务数的253％。

截至2002年年底，我乡累计支出完成任务69.37859万元，占年度任务数的128.3％，其中，农林水利气象等部门事业费支出12.2935万元，文体广播电影电视事业费支出6.2583万元，其他部门事业费支出10.67347万元，行政管理费支出39.65332

万元。

（二）2003年度财政收支预算执行情况

1. 财政预算收支任务

根据雷财预字［2003］04号文件精神，分配给我乡2003年的财政预算收入总任务为36.9万元。其中，国税任务为3.3万元，地税为6.4万元，财政部门组织收入为27.2万元（农业税23.06万元）。

根据2003年年初支出预算数，我乡财政预算支出年度任务数为49.6971万元，其中，农业事业费9.165万元，水利事业费1.4154万元，文体广播事业费1.473万元，计划生育事业费3.426万元，其他部门事业费1.83万元，政府机关经费28.4405万元，人大机关经费1.0354万元，党团经费3.9472万元。

2. 财政执行完成任务情况

截至2003年11月24日，根据2003年年初支出测算数，我乡财政支出年度任务数为49.6971万元，其中，农业事业费财政收入任务数为41.59万元，占年度任务数的112%。国税完成4.01万元，占任务数的121.5%，地税完成7.68万元，占年度任务数的120%，财政部门组织收入完成任务29.9049万元（农业税完成23.06万元，农业特产税完成6.2587万元，耕地占用税完成任务3799元，契税完成任务900元，其他收入1163元），占年度任务数的110%。

（三）2004年度财政收支预算完成情况

1. 财政收支任务

2004年度，县人民政府交办的财政收入任务为24.97万元。其中农业税19.77万元，耕地占用税、契税及其他收入为4.8万元，地税任务考核为0.4万元。2004年度预算支出数为66.6688万元，其中农业事业费10.8079万元，水利费9045元，文体广播计生事业费6.6215万元，其他部门事业费4.8284万元，行政经费 43.5065 万元。

2. 财政收支完成情况

2004 年我乡累计完成财政收支任务 31.9227 万元，完成 24.97 万元的 127.8%，其中农业税 19.77 万元，耕地占用税 9489 元，契税 1.1771 万元，其他税完成 10.0267 万元。

截至 2004 年年底，我乡财政支出累计 67.2733 万元，是年度预算任务数的 100.91%。其中农业事业费支出 10.9059 万元，水利事业支出 9128 元，文体广播计生事业费 6.6815 万元，其他部门事业费支出 4.8721 万元，行政经费支出 43.901 万元。

(四) 2005 年度财政收支预算执行情况

1. 财政收支任务情况

根据雷财预字 [2005] 10 号文件精神，上级下达给我乡 2005 年的财政收入任务为 2.3 万元，其中耕地占用税 1 万元，契税 1.2 万元，其他收入 500 元，罚没收入等 500 元。

按照 2005 年年初测算数，我乡财政支出年度任务数为 70.422 万元。

2. 财政收支完成情况

2005 年度我乡累计完成财政收入 2.3 万元，占任务数的 100%。其中耕地占用税完成 6440.3 元，契税完成 7136 元，罚没收入完成 1040 元，其他收入完成 8383.7 元。

截至 2005 年 12 月，我乡财政支出累计完成 97.17381 万元（含增资及年终奖），占年度预算任务数的 138%，其中农业支出 14.9095 万元，水利和气象支出 1.39205 万元，文体广播计生事业费支出 8.85025 万元，其他部门事业费支出 5.5154 万元，抚恤和社会福利救济支出 1.137 万元，行政管理费支出 6.019761 万元，其他支出 5.172 万元。

(五) 2006 年度财政收支预算执行情况

1. 财政收支任务数

2006年县人民政府下达给我乡的财政收入任务为2.5万元，财政支出任务数为63.60511万元，其中农业支出9.4489万元，水利支出9049.5元，文体广播事业费5.87075万元，其他部门事业费3.6313元，行政管理费38.14121万元，其他支出5.608万元。

2. 财政收支完成数

截至2006年12月31日，我乡财政收入任务共完成3.434536万元，占任务数的137%，其中耕地占用税完成3.130168万元，契税完成3043.68元。

2006年我乡财政支出累计完成任务为138.96208万元（含奖励工资、2007年1月份工资），占任务数的218.5%，其中农业支出17.95445万元，水利和气象支出1.83275万元，文体广播事业费11.95055万元（广播电影电视事业费5.20785万元，计划生育事业费6.7427万元），其他部门事业费6.765万元，抚恤和社会福利救济2.0675万元，行政管理费91.09783万元（人大经费5.79236万元，政府机关经费74.73447万元，共产党机关经费10.571万元），其他支出7.294万元。

（六）2007年度财政收支预算执行情况

1. 财政收支任务数

2007年财政收入任务数为2万元。

2. 财政收支完成数

2007年完成财政收入3.094755万元，占任务数的154.7%，其中契税完成8721.44元，耕地占用税完成1.815132万元，其他收入完成4074.79元。

2007年财政支出完成156.36092万元，其中一般公共事务113.88092万元，文化体育与传媒5.0905万元，社会保障和就业2.5425万元，农林水事务34.847万元。

（七）2008年度财政收支预算执行情况

1. 财政收入完成情况

截至 12 月 31 日，我乡累计完成财政收入 3.812339 万元，占任务数 2.3 万元的 165.7%，其中耕地占用税完成 1.2458 万元，契税完成 5134.2 元，其他收入完成 2.053119 万元。

2. 财政支出完成情况

截至 2008 年 12 月 31 日，我乡财政支出累计完成 165.236475 万元，其中：①一般公共事务 124.15666 万元（其中人大事务 4.8698 万元，政府事务 88.88836 万元，财政事务 8.7038 万元，纪检监察事务 3.2964 万元，人口与计生事务 6.8058 万元，共产党事务 11.5925 万元）；②文化体育与传媒（广播电视）完成 4.4709 万元；③社会保障和就业 10.263 万元（其中社会保障和就业管理事务 3.0045 万元，抚恤 7.2585 万元）；④医疗卫生（医疗卫生管理事务）4811 元；⑤农林水事务 23.899015 万元（其中农业 1.2224 万元，扶贫 3.5711 万元，村级补助支出 9.744 万元，良种补贴 9.361515 万元）；⑥工商业金融事务（安全生产支出）完成 1.6693 万元；⑦其他支出（城建支出）2965 元。

第五节　审　　计

财政工作职责中，在做好本级财政预算和本乡范围内的财务管理工作以及"乡财县管乡用"的收支结算和对账、报账工作之外，进一步规范财政收支管理，同时接受上级审计部门审计。根据县审计局的通知以及县财政局的业务工作检查精神，积极配合县审计局以及省、州审计部门的专门审计和县财政局的内部财务检查工作。

2005 年 2 月 21 日—7 月 5 日，县审计局对达地乡 2003—

2004年度财政决算和其他财政收支情况进行审计,并延伸审计达地乡政府和财政所2003—2004年度财务收支情况。

2008年5月4日,县审计局对达地乡2005年1月11日—2007年12月31日的财政决算和其他财政收支情况进行审计,财政所接到通知后在三日内将会计报表、账本、凭证等相关资料备齐,并指派相关人员协助审计。

2008年7月,接受州审计组对达地乡财务等工作审计。2008年9月,县财政局对达地乡有关财务内部工作进行检查。

以上审计及检查结果表明,达地乡的财政决算审计资料基本真实合法地反映全乡财政决算和其他财政收支情况。为严肃财政纪律,促进增收节支,搞好收支管理,达地乡财政所在今后的工作中要重视财务管理,充分认识到会计工作在管理中的重要性,必须加强对财政法规和业务知识的学习,增强责任心,努力提高业务能力,严格依法办事,确保财务管理工作法制化、规范化。

第二章 税 务

第一节 机构演变

达地乡原来设有一个税务代征点,代征人员为杨光学。由于该同志身体瘦弱病多(后调至丹江镇税务所工作),税务业务由财政所代办。后因市场繁荣、客商增多,达地乡税务由县税务局派人员征办。随着税务机构及税种划分的增加,分设国家税务所和地方税务所,分别指派人员征收。2003年,达地税务所撤回雷山,由负责达地、永乐、桃江片区的税务人员于赶场天到达地征收。

第二节 税务工商人员情况

先后参加达地乡税务工作的人员有杨顺忠、杨光学、杨光喜、杨秀权(水,所长)、吴昌培、潘承忠(会计)、杨天军、陆金超、李玉贵、杨先胜(代征人员)、杨秀清(代征人员)、白考验(代征人员)、杨侠、杨胜锋、王德贵等。

第三章 金　　融

第一节　信用社建社以来的历史转变

　　从建社到今天，达地信用社已经整整走过了 55 年的光辉历程。55 年来，大致经历了十个不同的历史发展阶段：1954—1955 年为建社和蓬勃发展阶段；1956—1957 年为整顿合并阶段；1958—1961 年是下放给人民公社和生产大队管理阶段；1962—1965 年是恢复信用社性质、任务和原有组织管理方式阶段；1966—1967 年为"文化大革命"阶段；1977—1983 年为"既是集体金融组织，又是国家银行在农村的基层机构"阶段；1984—1990 年国发（84）105 号文件下发，为恢复信用社"三性"和改革发展阶段；1991—1993 年是信用社机构"建并撤"阶段；1995 年是进一步整顿、规划和深化农村金融体制改革、行社面临"一分二脱三转化"阶段；2004 年是农村信用社统一"一级法人和法人治理结构"阶段。无论是在哪个发展阶段，达地信用社都是以农村金融体制改革为重点，以服务于"三农"为主线，其改革的核心是把农村信用社逐步改为由农民入股，由社员民主管理，为入股社员服务，实行"自我约束、自负盈亏、自主经营、自担风险、自求发展"的农村合作金融组织。

第二节 工作情况

建社当年的各项存、贷款余额分别为 0.56 万元和 0.41 万元，到 1993 年年末各项存、贷款余额分别为 208.36 万元和 179.11 万元，是建社时的 371 和 436 倍。深化农村信用社改革和统一一级法人以后，2008 年 12 月 31 日各项存、贷款余额分别为 1727.98 万元和 1720.54 万元，是建社时存、贷款余额的 3087.76 和 4196.02 倍。社员股本金余额为 107.40 万元，是建社时 0.09 万元的 1193 倍，有力地支持了"三农"经济持续稳定、健康发展。

建社以来，特别是农村信用社改革和统一一级法人以后，达地信用社重视内部经营管理和资金效益工作，建立健全各种经营目标管理责任机制，经过全体员工多年来的艰辛努力和拼搏，占领了农村金融市场，提高了服务质量，为今后农村经济的发展夯实了社会基础，不断提高信贷资金的创利盈余水平。55 年来达地信用社的年利润余额逐年提高，亏损金额逐年下降，年均盈余面和亏损面均分别在 70% 以上和 30% 以下。信贷资金由 1993 年的 179.11 万元增加到 2008 年的 1720.54 万元，增长了 9.66 倍。

达地信用社以业务发展为重点，以支持"三农"为主线。在大力组织资金存款的基础上，善于深入农村调查研究，在村两委会、村级联络员和地方政府领导的支持帮助下，不断开展农户小额贷款业务，加大城镇居民和个体工商户贷款评级授信力度，努力调整信贷结构，加大信贷资金投放。重点满足种植业、养殖业和街上部分个体工商户等的经济需求，其中支持助学贷款 26 人，金额为 14.7 万元；支持背略、排老、乌达、高车、里勇、野蒙等村农户种植茶叶 89 户，金额为 41.71 万元；支持创建沼气池

21户，金额为11.7万元；支持安装卫星传播器227户，金额为8.82万元；支持购车辆33部，金额为52.1万元；支持挖掘机2户，金额为81万元；支持各村雪灾民房改造和达地村新兴街移民木房包装改造78户，金额为65.48万元；支持沙场开发8户，金额为18.3万元；支持农民看病13户，金额为7.63万元；支持背略村人饮工程改造2.16万元。在达地信用社大力支持下，达地乡实现了村村通公路，村村有卫生室，人人享有卫生保健，村民看到了奥运卫星电视，用上了新的沼气科技，贫困学生圆了大学梦，大大提高了农民的经济收入和生活水平，促进达地水族乡农村经济、文化建设迈上了新的台阶。

在县联社班子的关心、支持下，按照2005年县联社的工作部署，到2006年8月完成了达地信用社新办公大楼的验收及启用工作，把1993年的防护栏改装成防弹玻璃，狭暗的营业室变成了宽敞、明亮的营业厅。1993年以前的手工储蓄、贷款利息计算被2007年的3台CCIS系统和1台安仪版电脑操作取代，安装了1部监控设备，给客户创造了一个安全、舒适的营业环境，方便了代发地方财政工资、代发农户各种补贴，方便了农户存、取款，方便了外出打工者的汇款，大大提高了办事效益。同时有效地防范操作风险，加强安全基础设施建设，改善服务质量，促进了农村信用社又快、又好的发展。

建社初期的1954—1967年，信用社只有职工1人，并且都是小学文化，经过几十年、特别是农村信用社改革以来的多层次教育和培养，信用社员工队伍的文化和专业结构发生了巨大的变化。1969—1983年信用社员工有两人，从1984年两人增加到2008年的4人，达到本科文化水平的1人，占25%，大专文化两人，占50%，高中生1人，占25%。取得各类专业技术职称的3人，占75%。员工队伍素质得到加强，业务发展得到有效推进。

从 2008 年 11 月起，该社由过去的两人增加到 4 人，符合金融行业的"四双"制度，全面推行了员工轮岗制度，有利于各项工作的开展。工作中严格执行"五条禁令"和发放贷款的"四不准"，要求员工正确处理好"五个关系"，履行好"五项职责"，认真抓好"十项联动"和"十个不准"的有效机制。社内增设了社内往来每日核对登记簿，大额现金存、取款登记簿，外来人员出入登记簿，外来汇款登记簿，员工午休轮流值班制度，员工夜间轮流值班守库制度等。

第三节 社领导人任职期限

1954 年建社人员有韦国安、石国才、杨胜君，韦国安同志任理事会主任。此后历任社主任如下：

社主任：韦国安（1954—1955）

　　　　石国才（1955—1956）

　　　　杨彩（1957—1958）

　　　　宋子成、江礼明（1957—1958）

　　　　袁进章（1958—1962）

　　　　姚元科（1963—1984）

　　　　杨先良（1985—1992）

　　　　唐永贤（1993—1997）

　　　　王文锋（2000—2004）

　　　　李震山（2005—2006）

　　　　何可升（2006—2007）

　　　　唐林（2007.6—2008.10）

　　　　罗安贤（2008.11—）

教育篇

第一章 教育概况

达地水族乡2008年总人口10214人（其中女4584人）。达地是一个多民族聚居的地区，有水、苗、瑶、侗、汉、布依、彝7个民族，少数民族人口8525人，占全乡总人口的83.5%。

2000年以来，达地教育基础设施得到较大改善。目前，我乡已全部实现了公路村村通，自来水村村通，电网村村通，移动电话村村通，卫星广播电视村村通，程控电话已发展到近600部。近年来，在各级党委、政府的高度重视和教育主管部门的关心、支持下，学校办学条件得到很大改善，教学质量逐年提高。初中生生均图书25册，生均校舍面积8.9平方米；小学生生均图书6.9册，生均校舍3.8平方米。现全乡设有乡中心小学（附设初中）一所，村完小四所，初小和教学点五个。2009年有初中在校生507人，小学在校生1227人，全乡现有初中专职教师27人，小学专职教师62人。已基本实现班班有教室，人人有课桌凳，校校有厕所。

全乡现有7~12周岁适龄儿童1245人，已入学1218人，入学率达99.27%；13~15周岁适龄518人，初中毛入学率112.55%；三残儿童少年18人，三残入学率66.7%，15周岁完成率为90.2%，17周岁完成率为78.7%，15周岁文盲率为0，小学辍学率为0.33%，初中辍学率为2.9%。

第二章 学　　校

第一节 私　　塾

新中国成立前，达地无公学，仅有陆燕平、陆安仁、王正文、王仲先、陆绍刚、熊赐福等几位有文化的私塾先生分散在达地各自然寨教书，学员相应较少，有10余人。

第二节 幼　儿　班

达地从未建过幼儿园，仅在各小学附设学前班。2005年，由幼师毕业未分配工作的邓丽娟在达地街上租用私人住房建立了第一所幼儿园，在园儿童20人左右。

第三节 小　　学

1951年，丹寨县人民政府在达地老街设立了一所初级小学，有学生20人，后逐年增至40余人。1954年丹寨县人民政府在达地的乌达村上马路寨建立第二所学校，即达地新勇民族小学，借用一座小庙房作教室，有学生30余人。杨章、张启乾为第一届老师，池荣为校长，马文兴任教导主任。1957年建立达地民族小学,当时,学校向贫困学生发放补助金、寒衣等,三个班建制,有学生 100 余人。1958 年,发展为完全小学后扩大为 6 个班,乔桑乡的初小毕业生全到达地民小读高年级,学生增加到 250 余人。但紧接着的三年自然灾害使农村饥饿凋敝,群众居住分散,很多学生辍学,学校基本停课,学生由原来的 250 多人减少到 30 余人。1962 年,为使学生就近入学,经上级批准设达地民族小学的分校,高车、小乌两个村合并在小乌村岩塘修校舍,取名为党高小学,有学生 90 余人。1964 年形势好转,达地民族小学由原来的乌达村上马路寨搬迁到达地乡政府所在地。有学生 100 多人,开设 4 个教学班级。1965 年秋,达地老街的原达地初小也搬下来与达地民族小学合并,学生入学率提高,各村纷纷建立民办公助小学,共建有村级校点 13 所,当时适龄儿童入学率达到 60% 左右。至 2009 年达地共有小学 9 所,其中,完小有达地民族小学、小乌小学、乌达小学、背略小学、野蒙小学、乌空小学。初级小学有:排老小学。教学点有高车教学点、里勇教学点、同鸟教学点。

第四节 中 学

1977 年,为解决达地民族学校师生的住宿,上级拨款增建一幢木质结构的综合教学楼,并开设有戴帽初中班,有初中学生 30 余人,后又更名达地民族小学附设初中(达地附中)。随着国家对教育的重视,自开展"两基"攻坚以来,国家投入大量资金完善学校基础设施建设,2000 年以来相继修建了综合楼,男、女学生宿舍楼,学生食堂等,大力实施校园绿化工程,美化育人环境。至 2009 年,中学开办初一至初三 3 个年级 11 个班,有专职教师 27 人。

1985 年以前,小学都实行五年制,初中三年制。1985 年以后实行小学六年制,初中三年制。

第三章 教 师

第一节 教师队伍

老街初小最初为一师一校。第一任教师杨彰。第二任教师张体乾。达地新勇民族小学的教师先后有：池荣、王泽恩、唐远志、石亮基、徐庆煌等。1957年达地民族小学的教师有：潘元勤、桂庆成、吴育祥、徐庆煌等，并大县后分来教师5人，由原来的4人增加到9人。1960年调来韦毓洪老师，1962年调来龙正云老师。1964年达地小学迁到政府所在地达勒，调来桂庆成、毛文生、文友才（中共党员）等教师。当时由于师资缺乏，只好进行复试教学。后经请示，上级准许聘请王光喜任代课老师，上了两个学期的课。1965年秋，余正光、罗春凝二位老师调来。后来学校逐渐扩大，教师也逐年增加。

第二节 教师培训

达地的教育比较落后，20世纪70年代前，达地籍正式教师很少，许多教师都是小学或初中毕业后到学校任民办或代课教师，全乡先后有20余名教师从代课或民办教师到师范学校进修后转成公办教师。1990年以后，达地先后派校领导或骨干教师到参加各项教学管理和业务培训200余人次。全乡教师都参与了中小学教师继续教育的学习培训，年轻教师都积极主动地提高学历，当前小学教师有 35 人取得大专以上学历；初中教师有 10 人取得本科以上学历；还有 20 余名教师正在参加提高学历的学习。

第三节　教师待遇

公办教师按照国家规定享受工资待遇。20 世纪五六十年代，民办和代课教师就靠学校所在村村民送米来解决生活，20 世纪 80 年代末，基本没有代课教师，民办教师的工资待遇由国家财政统一发放。

第四章 教育行政

第一节 管理机构

1991年前，达地民族小学领导全乡各校点，各项教育教学安排、财务管理等都由达地民族小学负责，达地民族小学校长负责全乡各校点的管理。达地民族小学历任校长有：余正光、王光喜、白贞奎、杨正高、余世杰、白凤国、陈建毅。1991年建立达地水族乡教育辅导站，由乡教育辅导站负责达地民族小学及各村校点的统一管理，乡教育辅导站历任站长有：王光喜、白贞奎、杨文富。

第二节 教育经费

1991年前各校的经费由达地民族小学统一管理，学校的经费来源主要是向学生收取学费或杂费，用来购买学校办公用品和学校维修，上级划拨经费由达地民族小学对全乡各村小学统一调配。1991年后，各小学统一由乡教育辅导站管理，各村小学经费全部落实到各学校自主管理使用，由乡教育辅导站负责监督。2004年以后，国家开始对义务教育阶段的贫困学生实行"两免一补"（免杂费、书费，补初中贫困住校学生生活补助费），书费按实际书价补助，杂费每生每学期30元、初中50元，住校生生活补助每生每学期 100 元。以后逐年增长，到 2008 年年底，九年制义务教育阶段的学生书、杂费全部免收，由国家统一划拨，目前学生书费按实际书价由国家统一支付，学生杂费（生均公用经费）全部由国家划拨，小学每人每年 300 元，初中每人每年 500 元，贫困学生生活补助每生每学期 350 元，并逐渐向小学贫困住校学生提供补助，小学每生每学期补助 250 元。补助经费由乡教育辅导站按各校学生实际人数统计上报，由上级直接划拨到达地民族小学后分配到各村校。

第三节 校舍与设备

1984 年以前，全乡各学校的教学楼全部是木质结构教学楼。1984 年，达地民族小学开始修建第一所砖木结构教学楼。1985 年，乌达小学建起全县第一所砖木结构的村级小学教学楼。后来各学校都得到上级的重视，校舍面积不断扩大。2009 年 6 月，全乡小学校舍面积达 4638 平方米，学生平均占有面积达 3.8 平方米。初中校舍面积达 4501 平方米，学生平均占有面积达 8.9 平方米。2005～2008 年，共争取援助资金 165.7 万元，修建达地民校学生宿舍楼，背略、排老、野蒙 3 所小学教学楼及部分附属设施，逐步完善教育硬件设施。2009 年，除了里勇、高车、同鸟 3 个教学点和乌空小学（完小）教学楼是木房外，乡内其余 6 所学校教学楼均为砖混结构房屋。学校无危房，班班有教室，生生有课桌凳，校园更加亮丽。

第五章 两基工作

第一节 基本情况

达地水族乡全乡辖 11 个村（居）97 个村民小组 135 个自然寨；2007 年末共有 2253 户 10213 人，其中女性 4596 人，少数民族人口 8514 人，少数民族人口占全乡总人口的 83.4%；农业人口 9836 人。2009 年有学校 10 所，其中九年制学校 1 所，村完全小学 5 所，初级小学 1 所，教学点 3 个，共有 59 个教学班级。全乡在职教师 89 人（女教师 13 人），在校学生 1734 人（女生 783 人）。达地水族乡 2004 年 11 月接受省级"两基"验收，2008 年 6 月接受省级"两基"复查验收，2009 年 6 月年接受国家教育督导组"两基"验收。

第二节 2009 年"两基"巩固提高及"普实"工作

一、普及程度

1. 入学率

①小学入学率。2006～2007 学年 98%，2007～2008 学年 98.8%，2008～2009 学年 99.3%；三残儿童少年入学率分别为 57.1%、66.7% 和 88.9%，适龄女童入学率分别为 97.9%、

98.2%和98.9%。

②初中入学率。2006～2007学年101.8%,2007～2008学年为107.1%。2008～2009学年112.55%。

2. 辍学率

①小学辍学率:2005～2006学年为1.40%,2006～2007学年为0.66%,2007～2008学年为0.33%。

②初中辍学率:2005～2006学年为2.8%,2006～2007学年为2.7%,2007～2008学年为2.9%。

3. 完成率

15周岁总人口177人,其中3人仍在小学就读,170人完成初等义务教育,完成率为96.05%;17周岁总人口155人,其中24人仍在初中就读,122人完成初级中等义务教育,完成率为78.71%。

4. 文盲率

15周岁人口中的文盲率控制为0。

二、师资水平

(1) 全乡有专任教师89人。中学专任教师27人,取得大专以上学历25人,中学教师学历合格率为92.6%;小学专任教师62人,取得大专以上学历35人,中专高中及相应学历27人,小学教师学历合格率为100%。

(2) 教师队伍的学科结构基本合理,各学科的教师基本上都配齐。

(3) 自2000～2009年补充新教师44人,学历合格率为100%。

(4) 初中、小学正副校长7人均已参加岗位培训,且都已取得岗位培训合格证书,岗位培训合格率为100%。

三、办学条件得到较大改善

(1) 小学班额均在 50 人以下，初中班额均在 52 人以下，没有大班额现象。

(2) 通过近几年的努力，我乡教育基础设施得到了较大改善，现全乡中小学校舍建筑面积达 9139 平方米，其中小学 4638 平方米，生均校舍面积 3.8 平方米；初中 4501 平方米，生均校舍面积 8.9 平方米，全乡各校点无 D 级危房，人人有课桌凳，校校有厕所；2007 年 11 月以来，乡政府及县直各帮扶部门解决图书 3617 册，现全乡共有图书 2.1339 万册，其中中学 1.284 万册，生均 25.3 册，小学生生均图书 6.9 册。

(3) 着力强化"五化"、"三园"建设，校风校貌得到较大改观。

(4) 初中和小学均按国家标准配有实验室，配足实验器材，实验开出率达教学要求。

(5) 各学校均有远程教学设备，且管理规范，使用情况良好。

四、教育经费得到保障

由于我乡财政困难，所有教育经费实行县级统一预算安排，含教师工资一起都能按时足额发放。我乡严格实行"一费制"收费标准，严格兑现"两免一补"政策，不存在截留挪用教育经费或乱收费现象；同时，我乡在力所能及的范围内每学期都安排入、复学动员经费、部分学校维修经费等，以改善教师、学生的学习、工作和生活环境。

五、扫盲巩固和农技培训工作扎实有效地开展

我乡重视全民教育工作，加大扫盲和农技培训工作力度。

2005~2007年全乡农村青壮年人口数分别为5752人、5829人和5900人，其中丧失学习能力人口分别为50人、49人和50人。2005~2007年共开设56个扫盲班点，累计集中授课11000多课时，累计开展扫盲900余人次。通过开展扫盲等工作，使2005~2007年的非文盲人口数分别达5581人、5671人和5766人，非文盲率分别为97.88％、98.11％和98.56％。近4年脱盲巩固人数分别为338人、173人、118人和87人，巩固率分别为99.04％、97.97％、98.30％、99.16％和100％。

同时，充分利用远程教育设施，组织乡农推站、畜牧站、扶贫站、计生服务站等广泛开展农业技术培训工作。2005~2007年共集中开展农技培训86期次，共培训3466人次。三年来培训出大批学用结合的农业科技致富带头人，如达勒村的王玉成、郭金荣，达地村的王光泽等养牛致富带头人，乌达村的王老多、白凤能夫妇养猪大户，乌达村的白凤星创办葡萄基地等，效果显著。与县扶贫办、县就业办等部门积极开展劳动力转移培训15期。三年来共开展劳动力转移培训4200余人次，3600余人外出务工人员寄回存款1900余万元。

六、实验教学工作得到全面普及

实验教学是全面推行素质教育的重要环节，是培养师生动手能力、思维能力、理论与实践相结合能力的基础。在中央提出全面推行素质教育以来，针对我乡实验设备配置少、没有专门的实验室或实验室配置不合理的情况，相关部门要求各校想办法调剂出实验室，发动各校师生积极自制教具，组织开展自制教具比赛等，在全乡全面推行实验教学活动。通过自配和积极向上级争取，现达地民校已配有物理实验室、化学实验室、生物实验室和自然（科学）实验室，各村完小基本上都配有科学（自然）实验室，且各实验室设施、实验室仪器等基本配齐，各校师生的动手能力也得到了加强和锻炼。

达地水族乡学校分布示意图

卫 生 篇

第一章 医疗机构

第一节 乡医疗机构

1964年建立达地水族乡卫生院，当时设在当地的酒厂一栋小木房中，卫生院由乡间民医何肖舫同志负责。随后甘达周、范述美、潘承龙、游来辉等医师相继到达地从事医疗工作。卫生院成立后主要承担全乡的医疗卫生工作，后来根据国家的要求逐步开展计划生育、疾病预防和妇幼保健等工作。

1980年，国家投资修建两栋均为一层的砖木结构楼房，其中一栋为办公楼；另一栋为医生宿舍楼。2001年，在国家扶持下，医院办公楼增加一层，改善了医疗办公条件。2009年，利用中央新增投资项目资金45.5万元在原医院办公楼旁修建一栋两楼一底砖混结构的综合医疗住院办公楼，该楼2009年年底竣工并投入使用。

院长：王庭忠（水，1992.6—1997.4）
　　　李兴国（苗，1997.4—2003.7）
　　　杨文贵（2003.7—2008.10）
　　　杨胜军（2008.10—2009.4，副院长主持工作）
副院长：罗元波（2009.4—副院长主持工作）

第二节 村医疗机构

背略村村级卫生员王章银 1996 年 3 月开始在该村从事医疗卫生服务，县政府投资建成 60 平方米砖房村级卫生室，已投入使用。

乌达村村级卫生员白凤星 2005 年 3 月开始在该村从事医疗卫生服务，县政府投资建成 60 平方米砖房村级卫生室，已投入使用。

小乌村村级卫生信息员罗泽富 2008 年 1 月开始在该村从事医疗卫生服务，县政府投资建成 60 平方米砖房村级卫生室。

高车村村级卫生员罗烈贵 2005 年 8 月开始在该村从事医疗卫生服务，由香港乐施会援建 80 平方米砖房村级卫生室，已投入使用。

里勇村村级卫生员王治德 1994 年 3 月开始在该村从事医疗卫生服务，由香港乐施会援建 80 平方米砖房村级卫生室，已投入使用。

排老村村级卫生员王启书 1999 年 12 月开始在该村从事医疗卫生服务，2009 年县政府投资修建 60 平方米砖混结构村级卫生室一栋。

野蒙村村级卫生员王焕标 2005 年 8 月开始在该村从事医疗卫生服务，由香港乐施会援建 80 平方米砖房卫生室，已投入使用。

乌空村村级卫生员王治跃 1996 年 3 月开始在该村从事医疗卫生服务。

第三节 疫情及传染病

2005年,我乡卫生院开始实行疫情网络化管理。2008年,我乡共发生乙类传染病3种4例,占全乡总人口数的0.3773‰。丙类传染病一种共9例,占全乡总人口数的0.849‰,其中各类传染病发病情况如下:

(1) 菌痢3例,占发病数的21.43%。
(2) 肺结核1例,占发病数7.14%。
(3) 乙肝1例,占发病数7.14%.
(4) 其他感染性腹泻9例,占发病数64.29%。

2008年,全乡产妇总数为150人,其中住院分娩97人,非住院分娩53人,新生儿150人,纳入儿童保健管理99人,母乳喂养150人,无高危孕产妇,无新生儿破伤风,无新生儿死亡。

第二章　妇幼保健及农村新型合作医疗

2007年1月,达地正式开展农村新型合作医疗,乡政府成立农村新型合作医疗办公室并有专人办公。2007年上缴医合资金达15万元,2008年达23万元,当年就诊人数超过1.5万人次。

第三章 计 生

第一节 国策与宣传

随着计划生育工作的深入开展,达地乡人口与计划生育工作坚持党政一把手负总责、分管领导亲自抓,乡计生办、站执行《中华人民共和国计划生育法》、《贵州省人口与计划生育工作条例》、《贵州人口与计划生育管理办法》、《社会抚养费征收管理办法》、《计划生育技术服务条例》以及中共雷山县人民政府《关于进一步加强人口与计划生育工作的实施意见》等有关人口与计划生育的法律、法规,全面提高依法行政水平,积极采取乡、村、组三级联动的方式,搞好群众性宣传工作,充分利用赶场天和标语、宣传栏进行宣传。利用计划生育明白书、广播电视媒体等向群众和干部宣传计划生育政策,做到家喻户晓。使干部和群众都学法、懂法、守法,推动我乡人口与计划生育工作朝着新型生育观念转变。

第二节 实施执行情况

(1) 坚持经常抓手术。

及时清扫手术库存量,同时抓好两个"及时"率的落实。

(2) 加强对流动人员的验证率、妇检率、节育率和补救措施的管理。

(3) 加强对"两女"户和纯女户的动员宣传工作，使群众懂得"生男生女都一样"，破出陈规旧俗，严厉打击"两非"活动，从源头上治理人口性别比失衡。

(4) 狠抓妇检工作，特别是早孕和计划外怀孕的检查与补救措施的落实，不断完善优质服务新机制，有效提高计划生育服务能力和水平。

(5) 认真落实计划生育"双优"政策，加快建立计划生育利益导向机制。一是争取为农村只生育一子女户和"二女户"结扎提供养老保障，对主动放弃生育政策内二胎的夫妇实行重奖。二是深入开展计生"三结合"帮扶工作，真正使执行计划生育政策好的群众率先致富奔小康。三是动员全社会开展"关爱女孩"行动，使农村女孩健康成长。四是开展"幸福工程"，"救助贫困母亲"行动，在为贫困母亲"治穷"的同时，积极开展"治愚"、"治病"活动，使他们的文化水平、身体素质和社会经济地位有明显的提高，落实法律、法规规定的各项奖励和优惠政策。

(6) 加强计生网络建设，坚持推行"村为主"和"村民自治"工作，充分发挥计生协会、人口学校、育龄妇女小组长的积极性，使村干和村两委能管和敢管人口与计划生育工作，群众能积极地参与和自觉执行计划生育工作。

第三节 人口控制

为响应党的号召，控制人口过快增长的局面，1976年，达地公社和生产大队成立了计划生育领导组，形成了党政领导亲自抓、分管领导具体抓，村五大组织（调解、青年团、妇联、治保、民兵）配合抓局面。卫生部门培训和选派技术人员深入农村搞好节育手术（手术地点：乡卫生院）。但当时计划生育工作在达地农村还没有得到全面铺开，处于宣传动员与实施相结合阶段。1982年，中共中央提出"实行计划生育是我国的一项基本国策"后，1984年9月，达地升格为区级镇，为了扭转人口过快增长的局面，鉴于当时工作人员不足，达地曾聘用计生专干，组织人员抓计划工作，使全乡的人口自然增长率有所下降，但也带来了负面的影响。1992年6月，达地乡（时置达地镇）设立了计划生育股，设股长1人，统计员1人，具体抓计划生育工作；同时设立计划生育服务站，设站长1人（后设技术员1人），还把计划生育服务站从卫生院分离出来。2009年，该站有站长1名，技术人员3名，负责全乡计划生育服务工作。

第四章 民 族 医

第一节 水 族 医

在长期的生产生活中，达地水族群众总结了一套丰富的治病救人的经验。水族医生诊断疾病的方法主要是"听"、"察"、"问"、"摸"，并参考医院的诊断结果；采用的医治方法为"水法"医治与草药医治结合。"水法"医治就是从井中盛一碗水，经水族医生点香化纸，口念水族巫词，然后医生口喝"神水"喷在患者伤口上或痛处，再结合草药治疗，不久病人便会日渐愈好。水族医擅长于跌打损伤、骨折、伤寒、毒蛇咬伤等的治疗。以下介绍几位水族医生。

杨胜和，男，1926年7月11日生，私塾二年级，12岁开始跟其叔叔在都江（现三都县属）学习水族医。1953年参加工作，1954年入党，曾任该县甲雄乡两届乡长，1959年回老家达地乌达村，历任大队长、村长、支书等职34年。杨医师擅长医治脑血栓、肝炎、肺结核、骨折、毒蛇咬伤等疾病。三都县羊甲有位老人杨金凤患脑血栓病到都匀医院治疗，承受不了昂贵的费用，回家经杨医师医治愈好，现还在世正常生活。

杨秀标，男，1965年2月14日生，小学5年级，达地乌达村人，任乌达村村长已达八届，现还在任。13岁开始学医，系祖传，擅长医治粉碎性骨折、脑血栓、肝炎、肺结核、毒蛇咬伤等疾病。三都县羊福乡羊甲村下从组杨国良（时年28岁）1997

年左脚被树砸成粉碎性骨折,经络断裂,几天后,肌肉腐烂,患者不忍心到医院割锯左脚,经人介绍,杨医师为其医治,割去部分烂肉,丢弃部分碎骨,经1年又3个月治愈。现杨国良能挑100多斤的东西从羊福到达地街上。

第二节 苗 族 医

达地苗族群众具有丰富的治病救人经验,通常采用"神药两解"的医治方法。患者来求医问药时,苗族医生可以根据来者的时辰或来者报患者得病的时辰,掐算得啥病,是否有鬼捉弄,是否能救活,有鬼捉弄的先驱鬼再用草药来治疗,不能救活的病人就劝来者回去为病人准备后事。苗族医生用草药治疗前,常烧香化纸于地上祭草药,才递药给来者,来者要给医生1元2角或12元的"捆手"(礼信)钱。病人康复后,要拿红公鸡、糯米饭来答谢该苗药师。苗族医擅长跌打损伤、骨折、伤寒、发痧、风湿关节炎、毒蛇咬伤等的治疗。

第三节 瑶 族 医

在达地居住生活的瑶族不是很多,但他们也总结出自己的治病医疗经验。瑶族医擅长于跌打损伤、风湿关节炎、毒蛇咬伤、皮肤病、妇科病等的治疗。瑶族的瑶浴就是采集山上的草药煎熬成汤浴水,对于皮肤病、妇科病的防治效果良好。

科技文化篇

第一章 文化事业

电影放映 1985年建立达地镇电影队。有放映员1人,有71型16NV放映机及702型发电机各1台。镇人民政府管理,集体经营。包场放映,自负盈亏。

达地广播站 1994年建立,每天按时转播中央台、省台新闻节目或摘录报刊文章进行广播,每天播出3次。

达地电视差转台 1994年,在民校后坡山顶建立电视差转台,修筑混泥小平房1幢。在房屋侧建铁塔天线1座,由乡政府派人负责,主要收转中央电视台、贵州电视台节目,平均每天播出14小时。

卫星电视地面接收站 1997年4月增建卫星电视地面接收站,台站合一。购置2.4米锅底天线、接收机、调制器等,由县广播电视局负责施工建成。

第二章　文　物　名　胜

达地镇排老出土铜鼓　1978年，在排老村开挖小学校舍地基时，出土铜鼓1个，为清嘉庆年间制。鼓面直径47厘米，高28厘米，重17.5千克，鼓脚已锈2～3厘米，鼓面完好。现存放于该村村民家，为集体所有。

达地铁钟　一雌一雄，现藏于达地小学和乔桑小学，形如大倒甑，高60厘米，制造年代不详。表面刻有"湖南会馆"等字样。

蛙石　蛙石形如巨蛙，位于乌达上马路寨寨上，蛙石被赋予了美丽的故事传说。现上马路的人们正在围绕这个巨蛙做文章，准备将其打造成旅游景点。

大坪山战场遗址　大坪山在达地乡境内，海拔1471米，森林茂盛，高山环列，地势险要。据民国《贵州通志》载："八宝山与大坪山相连如屏，三面绝壁，唯南稍平，鸟道羊肠，人迹罕至。"山峰之巅呈一槽形，东西长约5000米，南北宽500米。中有一小溪自北向南流。最高处三角架海拔1471米。有用青石垒砌的城墙，高五六米，周长2～2.5万米。分设东、南、西、北4个路口，各有哨卡。在东路口五里桥处，竖有大青石碑2块，城内有余王爷、唐王爷行馆，有"国厅宫"、"观音庙"和练兵场。咸丰五年（1855），余老科（榕江桥来摆猫断颈龙人）、唐协里（丹寨排调人）等领导苗民反清抗暴，称"太平军后备队"（史称斋教军），扎营此地，升"帅"字旗，住有9000余户，屯兵8000余人，曾出兵攻战古州（榕江）、下江（从江）等地。今城墙、哨卡、宅基尚存，房屋建筑已毁。

第三章 碑 刻

达地石碑无数,最有名的就是"革除夫役碑"。

革除夫役碑石碑两块立于距达地水族乡1.5公里的宋家寨左侧山坳上。一块署名为"都江理民府",高1.5米,宽0.6米,经过洗刷涂色,除个别字模糊不清外,大多数字迹尚能准确辨认(见碑文)。另一块署名为"贵州提刑按察使",碑身虽尚完好,但碑文风化,字迹难以辨认。

咸同年间苗民大起义虽然失败,但已震撼清政府。为缓和矛盾,清政府以告示形式立此碑,列出禁令数款,昭示地方官吏勿再胡作非为,致以民变。

1985年2月,雷山县人民政府将其列为县级文物保护单位。

附:革除夫役碑碑文

赏换花翎署理都江理民府升用直隶州候补县正堂周革除夫役碑示

同治拾叁年案奉

巡抚部院部曾牌发告示为开

照得苗疆粗定,民团未苏。亟应剔除积弊,加强抚绥,以图长治久安之计。文按

善后总局转据都匀罗守具禀:地方官吏及土司衙门向有苗民轮流当差应夫并供应恭具什物。每遇差使过境或因公下乡之土司复连成一片,勒派夫马酒食,无不恣意苛求。且有营汛弁兵绅团责令苗民服役,其弊相等。见布以后,仍有营汛弁兵相率拉夫,似此劳烦民力,剥削民膏,实不堪命。应即严行禁革,以安闾阎

而实行善后。用特示告之：所属地方官绅及营汛弁兵土司书吏苗人等知悉，嗣后除本府学院过境，照旧派夫迎送以外，无论何项差使，不准派令苗民应夫供役，一切供应迎送尽行革除。倘有仍偷摊强派情事，一经查出，即行解府究办。等因奉此。合行抄示遍贴晓谕。为此示仰都江所属土司绅团苗人等一体遵照毋违。特示右谕通知大清同治拾叁年六月初八十八股同立

第四章 节　　日

瓜年节　也有称之过"瓜年"，水语叫"借端"，达地水族人民多称为过"瓜年"。瓜节是水族地区范围最广、人数最多、历时最长且最隆重的节日，相当于汉族的春节。瓜节源于以血缘为纽带的人们群体的原始宗教祭奠活动。过节日期为水历12月至新年2月，相当于农历八月到十月，时值大季收割、小季播种的阶段，也就是水族人民的年终岁首阶段。因此，瓜节是辞旧迎新、庆贺丰收、祭祀祖先和预祝来年幸福的盛大节日。瓜节的主要活动为祭祀和赛马，并忌荤，设素宴祭祖。具体做法是前一天将室内所有炊具，包括鼎罐、锅、碗、盆、碗柜等用具器皿清洗干净，扫除房屋，在鸡叫时起来，将南瓜、豆腐、鱼等祭品蒸熟，摆上桌，再放上糯米饭、酒、叶烟等作为供品。供祭时，由家长主祭，说"我们过瓜节了，请老人家唱酒、吃鱼、吃瓜"等，祭品以鱼为主，辅以酒瓜饭果。设祭时，有的还将铜鼓、禾把（折糯谷）、衣着首饰及农具等作陈列供品，表示托远祖洪福过上好日子，往后依旧靠劳动去开拓幸福。天还不亮，全家人进餐，吃瓜、吃鱼、喝酒等，全是素的，中午开始吃猪肉等荤菜。节日期间，举行对歌和跳芦笙活动，热情好客的水族人民还会设宴招待远道来访的亲友。

清明节　在清明前后，三五年内死去的老人都要去为其扫墓。先将三碗酒、一炷香、一碗肉、一碗蛋和糯米饭等摆置在墓前，全家后代向老人献酒，表示哀悼怀念，全家在坟前饮酒并摆设供祭食品及糯米饭等，之后在坟旁挖灶置锅，杀鸡，煮熟后再行供祭，全家人又在坟前吃饭。

祭桥 在农历二月初二举行，如果是求生儿育女的就用大木架新桥。一般的是做新板凳安放在桥头，用竹条缠成花纸条，在桥的两头插成弧形，在弧形框内放入纸画的或剪成的纸人，插上香，用粽粑、红蛋、黄糯米饭等在桥的两头供祭，烧纸钱，再在新板凳上贴上纸钱。其意为让保佑孩子的地母娘娘途中休息，新来的孩子踏着新木桥而过。

第五章 野蒙苗寨

野蒙苗寨 野蒙苗寨被列为雷山县民族旅游村寨,位于雷山县达地水族乡西南角,距乡政府所在地14公里。野蒙苗寨村民有余、刘、李、潘、耿5个姓氏,语言为苗语,男人淳朴耐劳,女人能绣善织,性格敦厚诚实,待人热情。野蒙是"两山"最古老的苗寨之一,具有古朴、浓郁的民族特色和丰厚的民族文化底蕴,保存了完好的原始古朴的民族风情。

野蒙苗寨的房屋建筑以木质为主,有平房、楼房。木楼最大的为三层八柱五间,一般的为三间搭一厢阁,第一层存放生产工具,关养禽畜、储存肥料;第二层作客厅、寝室、伙房;第三层存放谷物、饲料、瓜菜等生产生活资料。厅前外廊有长条木凳,供观景和乘凉憩息,造型典雅古朴,户与户之间有小道连接,环境整洁卫生,舒适清爽。

百鸟衣 野蒙苗寨的"百鸟衣"独具一格,被誉为"穿在身上的苗族史书"。"百鸟衣"由羽毛裙和绣花衣组成,羽毛裙和花衣都以自织自染的家织土布为底,绣有精巧花鸟装饰。其胸兜、围腰等部位多绣各种花鸟、虫、鱼等动物图案,衣或裙脚缀满白羽。野蒙苗寨的首饰主要是"ψ"字形银饰,顶缀白羽。"百鸟衣"服饰色彩艳丽,图案古朴奇特,反映了野蒙苗族灵巧精细的刺绣工艺和独特的审美观。优美粗犷的"芦笙舞"和热情洋溢的迎客"拦门牛角酒",还有"山间木叶情歌对唱"等传统恋爱习俗,表现了野蒙苗族古朴的生产、生活风貌。

第六章 文 学 艺 术

水歌 诗歌形式的水族民歌,占有水族民间口头文学的主要地位,也是最能反映民族特色的一种文学形式。水歌的民族特点是:曲调变化不大,旋律较为简练,但歌词常因时因事因人而不断充实新的内容,以抒发自己的感情。如:

大田栽秧蔸对蔸,栽去栽来我落沟。
那个是我亲姊妹,掉脸同我做一头。

水族民歌按其形式可分为单歌、双歌、蔸歌、调歌、诘歌等。

双歌是水歌中富有特色的一种说唱形式。双歌以组为单位,分为歌前的说白和主体的吟唱两部分。说白相当于小引或序,往往是一则短小的故事,用以概括性地介绍吟唱部分主要对象间的主要活动。双歌,尤其是寓言性的双歌,十分幽默、风趣,寓意不直接表露,听众必须根据当时演唱气氛结合内容去用心揣摸,才解其中味。双歌演唱多在热烈庄重的酒席间,主宾对阵时,往往要二至数人甚至所有在场的人打和声(帮腔)。和声有起歌和声和歌尾和声两种。起歌和声是引起周围听众的注意,烘托场面气氛,又使演唱者精神振奋;观众重复的歌尾和声是一种祝贺性的礼节。

单歌可以合唱或独唱,即使是对歌每次也只需唱一首,不像双歌那样唱一组。单歌取材更为广泛,演唱的环境受限制少,因此多用于情歌、生产歌等。

蔸歌类似双歌，有说白与吟唱两部分，但没有歌首和歌尾的和声。演唱者为两人以上，所唱的歌是某一专题的几首，合成一组，像丛生的一蔸植物，因此而得名。蔸歌长于表达复杂的情感，多用于爱情和聚会离别的吟唱。

调歌和诘歌是水歌中较为特殊的一种，多在席间和调解场合念唱，也有部分为吟唱。调歌的句式长短不一，不如双歌、单歌那样工整；同时句数不多，短小精悍，类似汉文学的短词和小令。调歌多取材于历史或日常生活中有趣而有寓意的内容，演唱时，常在末尾加上"啦—哈"或"嘹—哈"的和声。诘歌是一种说古论今、带有历史性、哲理性和地方习惯性质的民间文学体裁。诘歌可分为婚姻诘、评理论事诘等。

水族舞蹈 水族民间舞蹈主要有芦笙舞、铜鼓舞。其中最有民族特色的要算铜鼓舞和斗角舞。

铜鼓舞源于古代祭祀活动，它从祭坛到民间日常舞台，据传已经有数百年的历史。铜鼓舞主要用于节庆与红白喜事，但其舞蹈所反映的内容比较广泛，有表现执戈保卫宗族安全的、有表现栽插收割和庆祝胜利与丰收的，舞步随着铜鼓及皮鼓的不同节奏，或踏着雄壮的大步，或急速旋转跳跃，缓急交错，既壮观热烈又典雅古朴，同时也表现了水族人民豪迈的英雄气概。

芦笙舞多在节庆与丧葬时表演。演员多为三男六女，他们头戴银角、银花，并插上五彩的雉尾，身着彩色的古装舞衣，男的吹笙前引跳跃，女的随着节律翩翩起舞。领舞表以小芦笙为前导，用变换调门来指挥，然后大中型芦笙齐鸣，给人以轻松、热烈的感觉。

苗族古瓢舞 野蒙苗族古瓢舞舞姿奔放、豪迈，其古瓢琴琴声幽雅如山风，舞步欢畅如奔泉，节奏轻快，和声音律独具风采。古瓢舞因用古瓢琴伴奏而得名，古瓢琴用松木雕成，形似家用水瓢，琴的面板有4个孔音，一根音柱，音柱由板面直接插入共鸣箱内。古瓢琴的弓丝和琴弦用马尾或棕丝做成,具有古色古香的特点。古瓢琴既是男青年们舞蹈时手上的道具,也是舞蹈中的伴奏乐器。在古瓢琴的伴奏下,身着盛装的男女青年翩翩起舞,尽情欢乐,一般是围着圆圈跳,由几个男子拉古瓢琴和4个以上的姑娘一起跳,小伙子们手持瓢琴边拉边跳,姑娘们踩点踏步,时而顺时针方向旋转,时而逆时针方向移动,两膝盖微带颤动。不论舞步怎样变化,姑娘们的手始终是两肘弯曲架在胸腹前不停地上下左右移动。舞步根据音乐的变化而变化,伴奏的节拍有二拍子、三拍子、五拍子等,也有的节奏是四二拍、四三拍等。古瓢舞主要动作的名称有跳月、格呆(踩步)、格吊(前后左右转)、格党(踩芦笙调)、拼格响(仿鬼舞)等。在达地从五六岁的小孩到年过花甲的老人,几乎都会跳这种舞。

达地籍人物志

一、历史人物

韦洪彬：男，水族，野蒙岩门寨人。1943年达地荒灾，韦洪彬召集羊福、千家寨、甲雄（现属三都县）、乔桑、草坪、达地、上马路、乌空等十余寨的苗、瑶、水、汉族群众500余人集会，宣布"抗兵抗粮；不准投降国民党；抗击国民党反动统治"。不久又在三都千家寨召开第二次会议，组成300余人的反国民党兵团。1944年6月，贵州省政府派保安团会同丹寨县保警队500余人，分进合击。韦洪彬率队百余人埋伏于高车夺鸟坳口，与敌激战了三天三夜，终因弹尽粮绝，韦部失利，后被永乐乡长王××诱捕，押送独山杀害。

二、烈士

杨秀武：乌达村高兄人，苗族，男。1969年12月入伍，在云南省沙缅35305部队58分队服役，后任排长。1971年为平息左右两派斗争不幸牺牲，年仅22岁。

王光林：男，达勒村人。1950年参军，1951年随军途中在三穗县牺牲，现埋骨于三穗县烈士陵园。

王文海：男，出生于达地老街，背略村背略组人。1951年参军，后在福建省服役夜间站岗时被特务杀害，牺牲时年仅21岁。

三、达地籍正科级以上干部

白玉清：男，苗族，达地乌达村人。1961年9月—1963年1月任中共达地人民公社委员会副书记；1973年8月—1984年8月任中共达地人民公社委员会书记；1984年8—10月任达地乡党委书记；1987年2月—1990年3月任达地镇党委书记；1990年3月—1992年3月任达地镇党委副书记。

韦寿山，男，苗族，1931年8月生于雷山县达地乡乌达村上马路组。

1943年~1946年在乌达读私塾；

1949年10月参加工作，并在三都县农干班学习；

1952年在达地工作，任干事、背略村土改副组长；

1953年入团，并任达地乡乡长，1954年3月任丹寨县排调区副区长；

1958年3月任丹寨县汞矿厂干部，同年4月任丹寨县铅锌厂厂长；

1959年6月任麻江碧波铁厂副厂长，同年8月任雷山县永乐区委副书记，同年12月任丹寨大兴铅锌厂党委书记；

1960年8月任麻江县宣威区区委副书记；

1961年7月任雷山县永乐区区委副书记；

1962年6月任雷山县林业局副局长，同年12月任雷山县农办秘书；

1965年6月任永乐区乔桑公社书记；

1966年到雷山县排翁村搞"四清"运动，1968年受"极左"路线影响，被开除党籍、撤销党内外一切职务；1969年被下放到乔桑公社草坪大队和楠木生产队劳动改造。

1973年4月恢复乔桑公社书记职务；

1978年任雷山县林业局副局长；

1979年任雷山县民族事务委员会副主任、主任；

1991年8月退休。

韦寿山同志秉公直言，曾于1962年1月25日给中共中央写信建议农村实行"包产到户"。韦寿山同志致力于少数民族工作，1957年4月和1981年10月两次被推选为贵州省少数民族参观团代表赴京参观学习，受到毛泽东主席、胡耀邦总书记等党和国家领导人的接见。1990年11月，率雷山县民族文工队赴京参加第十届亚运会开幕式。

杨顺忠：男，侗族，1946年1月出生。1964年参加工作，在永乐税务所工作。1976年到永乐粮管所乔桑粮站工作。1980年5月加入中国共产党。1983年到达地粮站工作。1984年调达地公社任党委副书记，同年任达地区级镇党委书记。1987—1990年任永乐区区长。1991年任县外协办副主任。1993年任县民政局副局长。1995年任县残联理事长，1997年受省残工委表彰为"先进个人"。2001年年底退休。

王满田：男，水族，达地背略村人。1980年8月—1982年3月任达地人民公社委员会副书记；1987年9月—1990年3月任达地镇镇长；1990年3月—1992年3月任达地镇党委副书记。

李正良：1950年8月15日出生，男，苗族。达地乌达村人，高中文化。1973年7月毕业于雷山高中，1974年11月任达地供销社出纳员，1977年7月任中共达地公社共青团团委书记，1980年10月调永乐公社工作，1983年5月调乔桑公社工作，1984年5月调达地镇任政府秘书，1984年11月任达地镇人民法庭审判员，1990年8月任达地镇镇长，1992年8月任达地水族乡党委书记，1995年5月调离达地到雷山县民族事务局任党委书记兼副局长，2002年1月退休离任。现住达地水族乡街上。

王兴武：达地排老村排老组人，1955年1月生，水族，大专文凭。1974年8月参加工作，1983年加入中国共产党。现在雷山县公安局交警大队工作，一级警衔。

1964年9月—1966年7月在排老小学读书，1966年9月—1970年7月在五星小学任民办教师（排老、野蒙合并为一校），1970年9月—1972年7月在永乐中学读书，1972年9月—1974年7月在凯里师范读书。1974年8月参加工作，至1980年一直在达地小学任教（期间于1976年3月—1976年7月在凯里师范理化班进修）。1981年9月—1983年1月在排老小学任教，期间协助排老大队设计、筹建排老小学新校舍综合楼（木质结构教学楼）。

1983年2月，因工作需要调离排老学校，到达地公社任公社管委会副主任；1984年2月—1989年11月在雷山县永乐区公所任副区长。期间于1984年9月—1986年7月带职带薪在贵州农学院进修学习，结业后，回原单位继续任职。1987—1988年兼任永乐电站建设常务副指挥长，1987年6月21日，曾在永乐区公所协同区有关领导组织党政班子成员，听取时任贵州省委书记胡锦涛同志视察永乐并在区公所召开座谈会的重要讲话。

1989年12月以后，在雷山县公安局交警部门工作（1996年该部门升格为交警大队），期间历任县队副大队长兼永乐交警分队（中队）队长；县大队副教导员、教导员等职务。

获奖情况：

1999年1月被雷山县公安局评为"1998年度公安工作先进个人"。

2001年12月被雷山县公安局评为"2001年度公安工作先进

个人"。

2002年3月被黔东南州公安局评为"2001年度全州交警系统先进个人"。

2002年1月被贵州省公安厅评为2001年度全省"人民满意"交通民警。

2008年2月被雷山县公安局评为"抗灾救灾"先进个人。

2008年11月被雷山县委、县人民政府评为"一会一展一节"工作先进个人。

陆金和：男，水族，1962年10月出生，1994年4月加入中国共产党，达地乌达村人，大专文化。

1977年9月—1979年9月就读于永乐中学，1979年9月—1981年9月就读于雷山师范。1981年9月—1986年9月在达地民族小学附中任教。1986年9月—1988年8月在黔东南州教育学院数学专业学习。1988年9月—1991年9月在达地民族小学任教，任教导主任。1991年9月—1994年1月任达地民族小学副校长。1994年1月达地水族乡第二届人民代表大会第二次会议上当选为乡长，任期至1996年1月。1996年1月—1998年11月再次当选为达地水族乡乡长。1998年11月—2005年3月调任雷山县统计局副局长。2005年3月在统计局退居二线工作，任主任科员。期间，1996年1月当选中共达地水族乡委员会第三届代表大会代表和达地水族乡第三届人大代表；1996年6月当选黔东南州十届人大代表，民族委员会委员；1998年3月当选雷山县十届人大代表；2003年3月当选雷山县六届政协委员。

王光智：男，苗族，出生于达地村大竹山组。1982年10月应征入伍，在云南省玉溪地区化宁县盘溪区35206部队服役；1983年6—10月在宜良县大荒田40师教导队骨干集训，同年11

月回原单位带新兵训练；1984年4月28日—7月参加老山对越南作战，负伤荣获三等功一次。1985年3月退伍回乡，安排在原达地镇工作。1987年2月—1989年2月任达地镇副镇长，1989年3月—1998年11月在达地民政股工作，任股长；1889年12月—2001年11月任中共达地水族乡党委副书记；2001年12月—2006年10月任中共达地水族乡纪委书记、人民代表大会副主席；2006年11月任达地水族乡人民代表大会主席。

吴安兴：达勒村河边组人，苗族，1958年3月出生，1978年11月参加工作。1979年3月参加中越边境自卫还击战，任班长。1988年4月—1990年3月任达地镇党委委员、党委副书记。1990年3月—1992年2月任达地镇党委委员、党委书记。1992年2月—1996年1月任永乐镇党委委员、党委副书记。1996年1月—1996年8月任桃江乡党委委员、纪委书记。

1996年8月—2002年2月在雷山县法院工作。其中：1996年9月—1998年6月达地乡挂职扶贫工作，1998年6月—2001年1月在达地法庭副庭长，2001年1月—2002年2月在永乐法庭工作。曾出席54262部队革命军人代表大会、州党代会、县党代会、乡镇党代会、人代会。

杨秀荣：男，水族，达地乌达村人，1961年12月出生，高中文化，助理工程师，二级建造师。1980年参加工作。1981年在雷山县干部训练班学习毕业。1982年1月分配到原达地公社工作，任团委书记、达地电站总出纳。1982年7月撤销公社管理委员会，成立达地乡人民政府，当选为乡人民代表大会代表、主席团成员、乡长。1982年10月，达地乡升为区级镇，当选为镇人大代表、主席团成员、镇人民政府首任镇长、共青团达地镇第十一次代表大会代表、主席团成员、团委书记、共青团雷山县第十一次代表大会代表、主席团成员、雷山县第九届人民代表大会代表、主席团成员。1987年调到雷山县大塘区公所工作,任副区长、代理区长。1992年撤区并乡,当选为大塘乡第二届乡人大代表、乡人民政府副乡长、第五届雷山县供销合作社第一次代表大会代表、主席团成员。1993年参加黔东南州乡(镇)长教育管理培训班学习。1997年调到望丰乡党委工作,任党委副书记。1998年1月—2002年任雷山县东风木材加工厂厂长。2003年1月—2004年5月在贵州红丹江果酒公司工作,任公司董事、办公室主任。2004年6月—2008年3月在雷山县东信房地产开发有限责任公司工作,任办公室主任、副总经理。2008年4月在雷山县建设开发有限公司工作,任总经理。

王章本:男,汉族,中共党员。1968年11月7日生于雷山县达地水族乡背略村下背略小组,大学学历。1986年9月—1990年7月就读于凯里民族师范。1990年8月—1992年8月在背略小学任教。1992年9月—1996年1月在达地小学(附中)工作,任副教导主任,并于1994年5月—1996年1月兼任达地水族乡团委副书记。1996年1月—1998年11月任达地水族乡人民政府副乡长,1998年10月—11月在贵州民族学院进修。1998年11月—2002年1月任中共桃江乡党委副书记,桃江乡人民政府乡长,2000年9—10月由省委组织部选送到浙江宁波学习培训。2002年1月—2005年1月任中共桃江乡党委书记,2002年9月—2004年1月在省委党校学习。2005年1—12月任雷山县畜牧局局长,其间8—10月在西南大学学习。2005年12月至今任雷山县事业单位登记管理局局长。

四、达地杰出人物

韦寿康:男,苗族,1935年11月生,贵州省雷山县达地水族乡人。小学文化。1954年10月加入中国共产党,历任雷山县达地公社高车村党支部书记。1981年当选为中共雷山县第四次代表大会代表。1983年被中共贵州省委、省人民政府授予"先进生产(工作)者"称号,并荣获1枚银质勋章。1983年当选为贵州省第六届人民代表大会代表;1986年被中共雷山县委评为优秀共产党员;1990年被黔东南州委、州政府评为社会治安综合治理先进工作者;1991年被中共雷山县委评为优秀共产党员。

韦荣慧:女,苗族,中国民族博物馆副馆长(副厅级)。

1957年9月生于贵州省雷山县达地乡乌达村上马路组,1974年参加工作,1975年加入中国共产党,研究生班学历。

1974~1976年,贵州省雷山县开屯林场知青,任知青队长、副场长;

1976~1979年,中央民族学院政治系哲学专业学习,任团支部书记,毕业后留校工作;

1979~1982年,中央民族学院政治系团总支书记;

1982~1986年,中央民族学院政治系哲学教研室教员;

1986~1989年,中央民族学院历史系党总支秘书、代理团总支书记;

1989~1998年,中央民族大学博物馆秘书、副馆长,民族服饰研究所所长;

1998~2004年,中国民族博物馆民族服饰研究中心主任;

2004年2月至今,中国民族博物馆副馆长。

获奖

1975年贵州省先进知青代表;

1990年亚运会先进个人;

1995年第四次世界妇女大会中国组委会嘉奖;

国家民委办公厅嘉奖；

1996年联合国教科文组织优秀设计师荣誉称号；

2000年国家民委系统优秀共产党员；

2004中央国家机关"五一劳动奖章"先进个人；

2009年国际人类学与民族学联合会第十六届大会先进个人。

荣誉

1995年受外交部委托，担任李鹏总理出访智利四国100套民族特色礼服馈赠品的设计；

2003年受中国驻法大使馆的委托，在中法文化年期间为法国总统希拉克及夫人设计具有中国民族元素的礼服；

2005年受国台办的委托，为中国国民党主席连战夫人设计体现中华传统文化的礼服；

2005年受文化部委派，在胡锦涛主席出访欧洲三国时担任随行的"多彩中华"展演团副团长和艺术总监；

2009年担任国际人类学与民族学联合会第十六届大会筹委会副秘书长兼会展组组长；

2009年受首都国庆群众游行指挥部的邀请，担任国庆60周年庆典活动游行少数民族服装总设计及评审专家并受到表彰。

工作业绩

担任中国民族博物馆业务副馆长期间，首创了"中国民族博物馆合作网"，目前全国已有40个分馆，被国家文物局肯定为我国博物馆发展的崭新模式；提出并实施了的"民族文化遗产保护评级补助办法"（全国首创并获业内高度评价）；

组织策划"民族文化进高校"、"多彩中华——民族文化节"等活动，推动民族文化保护发展工作和民族团结进步事业；

负责国际人类学与民族学联合会第十六届大会的六项展览获得成功，为国家争得荣誉；

创立"多彩中华"——中国少数民族文化对外交流品牌，出访十几个国家，把中国民族文化推向世界，在民间文化外交事业和国际社会中产生深刻影响。

社会兼职

中国妇女儿童博物馆专家组成员；

北京师范大学博士生导师；

中央民族大学民族学与人类学学院客座教授；

新加坡南洋艺术学院客座教授；

法国国家自然历史博物馆博士生导师。

著作

主编《中华民族服饰文化》（国家"八五"规划重点图书）、《中国服饰大典（民族部分）》、《西江千户苗寨历史与文化》、《中国苗族服饰》、《中国雷山苗族服饰》、《中国民族文化遗产抢救保护丛书》、《雷山县达地水族乡志》等；

专著

《中国少数民族服饰》；

《从蛮荒到现代》；

《云想衣裳》；

《解读苗绣》等。

王玉勇：苗族，1968年出生于达地村大竹山组。1984年毕业于达地民校附中，1984—1987年在凯里民族师范学习，1987年7月师范毕业后分配到达地民校附中任教，1990年调雷山县教育局工作。1991年3月到贵州大学脱产进修学习，1993年7月毕业后留在贵阳工作。其中1993—1996年在贵州省松柏山水库管理处担任办公室主任，1996—1997年到贵州省新技术开发推广基地担任试验厂厂长，2002—2006年在成都电子科技大学学习。1997年年底试验工厂改制后，自主就业，先后创办了贵阳玉波机电设备公司、贵州玉屏玉龙碳素厂、贵州恒瑞辰机械制造有限公司，同时还涉及房地产、能源资源等行业。2006年、2008年分别被贵阳市政府表彰为先进个人。

王玉勇同志从小目睹家乡贫穷落后的面貌，中学时就立志要走出去创造一番事业，帮助贫苦百姓致富。富了不忘家乡人，自创办工厂初见效益以后，他经常向家乡的水、电、路、教育等社会公益事业进行捐款，少则几千，多则几万。他的爱心捐献解决了千百群众的困难，圆了许多贫困学子的入学梦。

韦建平：男，中共党员，1960年生，苗族，大学文化。贵州省雷山县达地乡人，现任贵州民族学院人文科技学院党委书记。

历任贵州省雷山县民族中学团总支书记、教导处副主任。1990年调贵州民族学院工作，历任贵州民族学院学生处（学工部）副处长（副部长）、处长（部长）、学校毕业生就业指导中心主任、学校资助中心主任等职，2005年3月至6月在国家教育行政学院学习，2009年经学校推荐，贵州省教育厅评选，教育部审批，被评为全国毕业生就业工作先进个人。2010年1月任贵州民族学院人文科技学院党委书记。

胡友林：男，汉族，中共党员，大学本科学历，1963年3月19日生，贵州省雷山县达地水族乡人。

1980年从贵州省雷山县应征入伍，在贵阳市消防支队直属队服兵役，1985年12月调任贵州省消防总队《贵州消防报》社编辑、记者，1990年调任贵阳市消防支队宣传干事。在部队期间曾在《贵州日报》、《贵阳晚报》、《解放军报》、《遵义文学》、《金城》、《花溪》等多家报刊发表诗歌、散文、新闻报道200余篇。1994年10月转业到贵州省黄金管理局工作，1996年8月至2005年12月任贵州省黄金经济技术实业公司经理、书记、法定代表人，2010年由省委组织部抽调参加道真县党建扶贫工作队工作一年。现任中国黄金集团贵州有限公司企业管理部经理（享受正处级待遇）。

杨承国：男，苗族，1961年1月生，中共党员，贵州省雷山县达地乡人，现在贵州省交通规划勘察设计研究院工作。

1980年11月从贵州省雷山县达地乡应征入伍，在中国人民武装警察部队贵阳市消防支队服役，曾任司务长、副指导员、指导员、副营职少校参谋，1996年10月转业到贵州省交通规划勘察设计研究院工作至今，任机关工会主席、政工师。

韦燕燕：苗族，中央电视台《中华民族》栏目编导，1971年12月1日生。1994年毕业于贵州民族学院，1993年加入中国共产党。1995年被选为世界妇女大会NGO论坛妇女代表并出席大会，获全国妇联嘉奖。

1996年到中央电视台工作至今，策划编导了120多部民族题材专题节目。曾担任54集大型电视系列节目《走进西部》、30集系列节目《寨子》的主力编导，近年还编导了系列节目《琴江风云》、《王昭君》、《文成公主》、《温暖中华 和谐云南》等，其中《琴江风云》被中国纪录片委员会授予2008年系列片"好作品奖"，《王昭君》荣获呼和浩特2009年对外宣传作品特等奖。

韦春平：苗族，1963年4月2日生，贵州省贵阳市黔灵公园管理处经营办副主任，贵州省食品协会理事。1985年毕业于中央民族大学经济管理大专班，曾任雷山县酒厂厂长、雷山县饮料厂厂长。1984年曾荣获贵州省政府颁发的新产品创新"优秀"奖、贵州省"优秀企业家"等荣誉称号。

白广波：男，1973年生，1991年至1995年就读于贵州农学院工程技术系，1995年7月到贵州省王武监狱工作至今，现任副监区长。

大 事 记

1. 清朝咸丰年间，余王爷、唐王爷组建太平军后备队反对清朝政府的统治。

2. 1935年，红军小分队过达地境。

3. 1942年，韦洪彬组织"抗兵、抗粮、抗款"队伍，反对国民党政府。

4. 1950年，达地属丹寨县排调区，当年9月建立中共达地乡工作委员会，驻地乌达。

5. 1950年，一只"扁担花大老虎"由外地窜至达地、乔桑一带，加上当地原有10余只小虎，白天黑夜经常出来咬人及牲畜，每星期咬死、伤3—5人。1952年水稻成熟时群众不敢下田收割，丹寨县人民政府派县公安局中队战士42人带42支步枪和2挺机枪到达地保护群众收割水稻。两年时间老虎咬死77人，牲畜无法统计。为除虎患，当地群众设计虎笼，用羊作诱饵，1953年3月13日晚大虎入笼被关，14日达地、乔桑一带群众和100名民兵前来杀虎，用当地鸟枪装铁子弹将虎打死。该大虎身长8尺、尾长3尺，重286斤。随后其他小虎也被罗康君、龙忠顺等群众打死，达地一带虎患得以消除。

6. 1950年10月，建立三都县达地乡人民政府，辖六个行政村，乡人民政府驻达地老街。

7. 1952年5月，土地改革完成后，将三都县达地乡划归丹寨县辖。

8. 1958年，李正国组织将达地政府从达地老街搬迁到现政府驻地达勒，同时将赶场也搬下来。

9. 1961年8月,恢复雷山县建置后,丹寨县将达地划归雷山县管辖。

10. 1963年1月29日,建立中共雷山县野蒙人民公社委员会,1963年2月22日撤销野蒙人民公社。

11. 1968年1月23日,县革委会、县人武部决定成立达地人民公社革命委员会。

12. 1972年4月,修通达地至乔桑公路,结束达地没有公路的历史。

13. 1984年10月,报经省委批准,撤销达地乡,建立达地镇(区级镇)。

14. 1992年9月8日,达地镇更名为达地水族乡,王兴忠任达地水族乡第一任乡长。

15. 1996年7月16日,达地遭受50年一遇特大暴雨灾害,泛滥的洪水翻过河堤冲进大街居民区,冲毁房屋,许多群众财产被洪水洗劫一空。洪水给全乡造成经济损失达3000万元。

16. 在刘平库、李剑、刘俊、吴文学等达地党政领导带领下,2004年开始聘请挖掘机进乡修建通村、通组公路。截至2005年9月,修通7个村的通村公路40千米,至此全乡实现村村通公路。截至2009年5月,共新修通组公路60余千米,85个村民小组122个自然寨实现通公路,村民小组、自然寨公路覆盖率分别为89.4%和90.4%。政府出资修通达地至三都县乌不乡、羊福乡和丹寨县雅灰乡的公路和达地大坪山、高车、野蒙三大茶叶示范基地公路共20千米。截至2009年5月,达地公路通车里程达132千米,达地境内形成四通八达的公路交通网。

17. 2008年1月14日—2月中旬达地遭受50年一遇的凝冻天气。连续一个多月的低温冰冻天气,使得人们行动困难。雪凝灾害使达地道路交通、电力、通信、供水全部处于瘫痪状态,2008年雪凝给达地造成经济损失共计4409万元。

18. 2009年6月15日,国家教育督导检查组到我省检查验收"两基"工作,雷山县是全省6个迎检县之一。达地水族乡党委政府自2001年以来把教育放在优先发展位置,加大教育投入,改善办学条件。经过8年努力,达地"两基"各项指标均达到国家验收标准。

编 后 记

2008年11月，中国民族博物馆韦荣慧副馆长回到老家达地，与时任达地乡党委书记的刘俊同志策划编写《达地水族乡志》事宜。2009年初，由主编侯天江编写提纲，然后下到达地各单位布置写作任务。达地党委、政府非常重视本书的编写工作，明确各单位专人负责整理资料和编写工作。2009年5月，各单位资料汇集，主编开展编纂工作，7月初稿完成后，主编把初稿送达地乡政府及编写单位征求意见。除了认真修改校正之外，主编还将稿件送请刘俊、吴文学、王若、王兴武、杨顺忠、王章本、杨茂鑫等进行校对。经过几个月的多方征求意见和反复修正后定稿，2009年底送中央民族大学出版社。2010年初，出版社将修改意见反馈回来，主编又下达地增补资料，再进行修改。2010年10月，出版社提出第二次修改意见，2010年11月，请熟悉达地水族乡民族文化的王兴武以及熟悉达地历史的韦寿山、杨彩、李正国、况再学、杨顺忠等同志再次进行校对和修正，此外还请雷山县志办吴学农同志对此书进行审查，并提出很好的修改意见。

本书得以出版，要感谢中国民族博物馆领导、中央民族大学"985工程"基金会、中央民族大学出版社副社长岑梅、编辑杨爱新、参与本书编纂的各位顾问和领导、编纂委员会主任、编委成员、全体撰稿人员、校对人员、摄影人员和雷山县志办，特别要感谢达地乡人民政府和本书资料提供者。

本书从策划到出版跨过了4个年头，但由于乡镇档案资料不够齐全，有的内容仅靠回忆补充，所以内容中有的丰富，有的简单；加上编写人员水平参差，编辑人员对达地情况了解不够，错漏难免，希望得到领导、专家、达地父老的指导和补正。

编辑组
2010 年 12 月 28 日